Bayerische Alpen

W0059734

Robert Demmel / Norbert Schneider

Bayerische Alpen

50 lohnende Skitouren
in den Bayerischen Voralpen, im Rofan, Karwendel und Wetterstein,
in den Mieminger Bergen und Ammergauer Alpen
sowie in den nördlichen Lechtaler Alpen

Mit 63 Farbfotos, 50 Tourenkärtchen im Maßstab 1:50.000
sowie einer Übersichtskarte im Maßstab 1:600.000

BERGVERLAG RUDOLF ROTHER GMBH · MÜNCHEN

Umschlagbild:
Pulver-Träume – geniale Schneeverhältnisse bei der Einfahrt ins
Grabenkar (Tour 38, Östliche Karwendelspitze).

Bild gegenüber dem Titel (Seite 2):
Galtjoch-Impressionen – stiebender Pulverschnee am Neujahrstag.
(Tour 50, Galtjoch).

Alle Fotos stammen von Norbert Schneider,
außer S. 2, 125 und 135 (Robert Demmel).
Alle Texte stammen von Robert Demmel.

Kartographie:
Tourenkärtchen im Maßstab 1:50.000
sowie Übersichtskarte im Maßstab 1:600.000:
© Freytag & Berndt, Wien;
ausgenommen die Tourenkärtchen der Seiten 23, 24, 26/27,
30, 33, 34, 38/39, 44, 46, 49, 56/57, 60, 62, 64/65, 68:
© Bergverlag Rudolf Rother GmbH, München
(gezeichnet vom Ingenieurbüro Heidi Schmalfuß, München).

Die Ausarbeitung aller in diesem Führer beschriebenen Skitouren
erfolgte nach bestem Wissen und Gewissen der Autoren.
Die Benützung dieses Führers geschieht auf eigenes Risiko.
Soweit gesetzlich zulässig, wird eine Haftung für etwaige Unfälle
und Schäden jeder Art aus keinem Rechtsgrund übernommen.

2. Auflage 2000
© Bergverlag Rudolf Rother GmbH, München
ISBN 3-7633-5900-1

ROTHER SKIFÜHRER

Bayerische Alpen • Davos – Prättigau • Engadin • Sellrain

ALPENVEREINS-SKIFÜHRER

Allgäuer Alpen • Ortleralpen • Ostalpen Band 3 , 5, 6, 7 • Ötztaler Alpen • Zillertaler Alpen

**Liebe Bergfreunde! Der Bergverlag Rother freut sich über jede
Anregung und Berichtigung zu diesem Rother Skiführer.**

**Bergverlag Rother • Haidgraben 3 • D-85521 Ottobrunn
Tel. (089) 608669-0 • Fax (089) 60866969
Internet** www.rother.de • **E-mail** leserzuschrift@rother.de

Vorwort

Skitouren in den Bayerischen Alpen, zwischen Lech und Inn – abwechslungsreich und möglichst wenig anstrengend in den Aufstiegen, genußvoll bei den Abfahrten, maximales Vergnügen für ein Minimum an Aufwand: Das war die Idee zu diesem Führer. Da haben wir also die waldreichen Voralpen zwischen Ammergau und Wendelstein abgeklappert, in den einsamen Vorbergen des Karwendel so manchen »Geheimtip« aufgestöbert und unsere Spuren rund um die Zugspitze in Wetterstein und Estergebirge hinterlassen. Die Ausbeute war zunächst entmutigend, nur gut zwei Dutzend wirklich empfehlenswerter Ziele in den »echten« Münchner Hausbergen standen einer Unmenge an Forststraßenhatschern und kettensägenverdächtigen Unterholzaktionen gegenüber. Kurz und gut: Wir sind wildern gegangen in den angrenzenden Tiroler Gebirgsstöcken, haben für Sie hineingeschnuppert in die nördlichen Ausläufer der Lechtaler Alpen, in der Mieminger Kette Abfahrtsschmankerl der Superlative entdeckt, die einsamen Kare des Karwendel aufgesucht, und den Rofan, diese alpine »Puppenstube« über dem Achensee mit ihren herrlichen Firnabfahrten, wollten wir uns und Ihnen schon gar nicht entgehen lassen.

Stellte sich nur noch die alles entscheidende Frage: Wie dem selektiven Anspruch des Untertitels »Skitouren für Einsteiger und Genießer« gerecht werden? Mit dem Genuß – wie mit dem Geschmack – ist das so eine Sache. Stellen Sie sich nur einmal vor, Sie betreten nach einer Skitour hungrig ein Gasthaus und sehen sich einer reichhaltigen Speisekarte gegenüber, mit allem was der Gaumen begehrt: frische Salate, deftige Schweinshax'n, leckere Nudelgerichte und zu allem Überfluß Nachspeisen, daß einem das Wasser im Munde zusammenläuft – da fällt die Auswahl schwer.

Was dem einen seine Hax'n ist, ist dem anderen das Tiramisu, und genauso verhält es sich mit den Vorlieben des skitourenden Völkchens: Die einen träumen von steilen Abfahrtsabenteuern in staubendem Pulverschnee oder zischendem Firn, andere suchen die Ruhe und Einsamkeit des winterlichen Gebirges und wollen einfach die hektische Betriebsamkeit des Alltags einmal hinter sich lassen, wieder andere drängt es nach landschaftlichen Höhepunkten.

Ihnen allen, liebe Leserinnen und Leser, haben wir versucht, ein ebenso abwechslungsreiches wie opulentes Menü zusammenzustellen, dem eines hoffentlich nicht fehlt: das Salz in der Suppe. Wir wünschen Ihnen glückliche Stunden im winterlichen Gebirg', auf daß Sie immer gesund und mit einem Rucksack voller schöner Eindrücke heimkehren.

Im Herbst 1999   Norbert Schneider und Robert Demmel

Inhaltsverzeichnis

Zum Gebrauch des Führers

Zugegeben, dieses Kapitel gehört zum Trockensten eines jeden Führerwerkes. Blättern Sie trotzdem nicht gleich weiter, stecken doch so manche wertvolle Informationen gerade in diesen einleitenden Seiten.

Einen ersten Überblick über das Angebot der vorgestellten Touren finden Sie im Inhaltsverzeichnis (Seiten 6 und 7), die Übersichtskarte auf den Seiten 20 und 21 markiert die Lage der einzelnen Skitourenberge. Jedem Tourenvorschlag ist ein Steckbrief vorangestellt, der alle Informationen zu Anfahrt und Ausgangspunkt, Gehzeiten und Höhenunterschied, zu den Schwierigkeiten und Gefahren sowie zu Hangexposition und günstigster Jahreszeit bereithält und somit eine wertvolle Hilfe bei der Tourenauswahl darstellt. Darüber hinaus wird an dieser Stelle auch auf viele lohnende Varianten und weitere Skitourenmöglichkeiten hingewiesen. Der Charakterisierung des Tourenzieles folgt eine kurzgefaßte, aber prägnante Routenbeschreibung. Außerdem wurde jedem Tourenvorschlag ein farbiges Kärtchen im Maßstab 1 : 50 000 mit eingetragenem Routen- und Variantenverlauf beigegeben. Diese Kärtchen reichen bei guter Sicht ohne weiteres für die grobe Orientierung im Gelände aus, können diesen Zweck aufgrund ihrer unzureichenden Geländedarstellung bei Nebel oder Schneesturm aber keineswegs erfüllen. Daher sei die Mitnahme der entsprechenden amtlichen Kartenblätter (Bayerisches Landesvermessungsamt und Österreichisches Bundesamt für Eich- und Vermessungswesen) oder der Alpenvereinskarten empfohlen.

Flache Anstiege und Abfahrten – wie hier an der Hochplatte (Tour 28) – eignen sich vortrefflich für die ersten Schritte und Schwünge im winterlichen Gebirge ...

... erheblich mehr Erfahrung verlangt dagegen die selbständige Spuranlage an einem anspruchsvollen Skiberg wie der Hohen Mundo (Tour 42).

Anforderungen

Die Auswahl eines Zieles darf sich keinesfalls nach dem Lustgewinn des »Leithammels« richten, sondern muß den skitechnischen Möglichkeiten des Schwächsten und Unerfahrensten einer Gruppe angepaßt werden – und das gilt sowohl für den Aufstieg als auch für die Abfahrt. Um die zu erwartenden Schwierigkeiten bereits auf den ersten Blick besser einschätzen zu können, wurden die Tourenvorschläge mit farbigen Routennummern versehen – in Anlehnung an die Klassifizierung von markierten Pisten bedeuten **BLAU** leicht, **ROT** mäßig schwierig und **SCHWARZ** schwierig. Allerdings ist diese Einstufung insofern als relativ zu betrachten, als sie sich nur an zwei fixen

Größen orientieren kann: an der Hangneigung (inklusive der Länge von steilen Abschnitten) und an dem für Aufstieg und Abfahrt zur Verfügung stehenden Platz. Die ständig wechselnden Schneeverhältnisse – denken Sie nur an die unterschiedlichen Anforderungen eines Steilhanges bei griffigem Firn oder beinhart gefrorenem Harsch – muß jeder Benutzer selbst einschätzen können. In begründeten Fällen haben wir bei der Schwierigkeitseinstufung einiger weniger Touren auch gesteigerte Anforderungen an die Kondition oder eine problematische Orientierung berücksichtigt und so die Tour um einen »Grad« aufgewertet. Die Schwierigkeitsskala erklärt sich wie folgt:

BLAU
Überwiegend einfache Aufstiege und Abfahrten auf Forstwegen und sanft geneigten Almwiesen bis 25 Grad Neigung oder geringfügig und nur kurzzeitig darüber – ideal für Tourenneulinge ohne besondere skifahrerische Vorkenntnisse und Kinder.

ROT
Mäßig schwierige Aufstiege und Abfahrten mit Steilhängen bis 35 Grad oder geringfügig und nur kurzzeitig darüber. Sichere Aufstiegstechnik und kontrollierter Abfahrtsstil sind grundsätzlich notwendig, teilweise werden bereits erhöhte Anforderungen an die Ausdauer gestellt, da die Länge des Aufstieges selten unter 2½ Stunden liegt. Für gute Pistenskifahrer, die ins Tourengelände umsteigen wollen, unter kundiger Anleitung eines Bergführers oder erfahrenen Skitourengehers durchaus empfehlenswert.

SCHWARZ
Schwierige Aufstiege und Abfahrten für ausgezeichnete Skifahrer und erfahrene Skibergsteiger bei besten Verhältnissen. Hangneigungen von über 40 Grad sind keine Seltenheit. Unkontrollierte Stürze oder Ausrutscher beim Aufstieg im hartgefrorenen Harsch können daher fatale Folgen haben.

Gehzeiten
In den Tourensteckbriefen werden die Gehzeiten der einzelnen Etappen und die Gesamtzeit der Tour angegeben. Diese sind reichlich bemessen, orientieren sich aber an normalen Verhältnissen. Abhängig vom Trainingszustand können die Zeiten bei widrigen Verhältnissen erheblich länger ausfallen.

Orientierung
Ein Gutteil der vorgestellten Touren ist während der gesamten Saison regelmäßig gespurt und daher unproblematisch zu finden. Doch sollte sich jeder im klaren sein, daß man bei fehlenden Spuren und Nebel auch am Hirschberg lieber rechtzeitig umdreht, als sich im »white out« eines Schneesturmes die bange Frage zu stellen, wo eigentlich vorn und hinten ist.

Für Könner eines der absoluten Highlights dieses Führers: der Hochiss (Tour 23) – abgefahren wird durch die 40 Grad steile Südflanke.

Wetter und Lawinengefahr

Erfolgreiches Skitourengehen setzt einen langen Lernprozeß voraus – im Grunde genommen lernt man aber nie aus.

Regel Nummer 1: Grundvoraussetzung für den Spaß im Tiefschnee ist eine flexible Tourenplanung mit mehreren Alternativzielen unterschiedlicher Hangrichtung und -neigung. So kann auch während der Anfahrt noch umdisponiert werden, falls schlechtes Wetter oder Lawinengefahr dies ratsam erscheinen lassen.

Regel Nummer 2: Der erfahrene Tourengeher informiert sich schon einige Tage vor dem geplanten Unternehmen über Wind und Wetter im Zielgebiet. Denn gerade die vorhergehenden Tage beeinflussen die Schnee- und Lawinenverhältnisse vor Ort ganz entscheidend. Hilfreich sind die telefonischen Ansagedienste (siehe Kasten) und die Rundfunk-Wetterberichte in Bayern 1 um 7.00 Uhr sowie auf Ö 1 und Ö 3 um 6.00 und 6.30 Uhr.

Lawinenlageberichte

Bayerisches Wasserwirtschaftsamt	D-089/12101210 (Ansage)
	D-089/12101555 (Beratung)
Tiroler Lawinenwarndienst	A-0512/581839 (Beratung)

Alpine Wetterberichte (Ansagedienste DWD und Euromet Alpin)

Ostalpen	D-0190/116018
	A-0450/199000018
Bayerische Alpen	D-0190/116019
Regionalwetter Österreich	A-0450/199000019

Beherzigt man diese beiden Grundregeln, stehen die Aktien für eine gelungene Skitour schon einmal nicht schlecht. Was bleibt, ist das Damoklesschwert des »weißen Todes«, das sich nie ganz abhängen läßt. Die mittlerweile einheitliche europäische Lawinen-Gefahrenskala unterscheidet fünf Gefahrenstufen, von denen allerdings nur Stufe 1 und 2 für den Tourengeher weitgehend sichere Verhältnisse gewährleisten. Bereits bei Stufe 3 erfordern Skitouren Erfahrung und lawinenkundliches Beurteilungsvermögen, ab Stufe 4 sind die Tourenmöglichkeiten stark eingeschränkt und bei Stufe 5 allgemein nicht mehr zu verantworten. Ein Lawinenbulletin ist jedoch stets vor dem Hintergrund zu sehen, daß es, auf einen großen Raum bezogen, nur sehr allgemeine Vorhersagen machen kann.

Zudem führten langjährige Grundlagenforschungen des Schweizer Lawinen-Papstes Werner Munter zu der bitteren Erkenntnis, daß die Wissenschaft vom Schnee und von der Lawinenkunde in den letzten Jahren in Richtung

Abfahrtsfreuden – scheinbar zwischen Himmel und Erde – an der Hohen Munde.

der Nichtvorhersehbarkeit der exakten Gefahrenstellen große Fortschritte gemacht hat: »Zusammenfassend läßt sich sagen, daß die analytischen Methoden (Schneeprofil, Rutschkeil u.ä.) bei weitem nicht die Aussagekraft haben, die wir ihnen lange Zeit zugetraut haben. ... Das Bulletin ist für den Skitouristen eine in der Planungsphase willkommene, aber unsichere Information, die im Laufe der Tour überprüft und wenn nötig korrigiert werden muß. Die Auslösewahrscheinlichkeit eines konkreten Einzelhanges läßt sich mit dem heutigen technischen und wissenschaftlichen Instrumentarium weder berechnen noch zuverlässig abschätzen.« (s. u. a. Lehrbuch, S. 158) In Annäherung an das Problem der großen Unsicherheit hat Munter mit der Reduktionstheorie ein ebenso einfaches wie geniales System entwickelt: Mit zunehmender Lawinengefahr wird auf steilere Hänge und ungünstige Expositionen verzichtet, bis das Restrisiko auf einen verantwortbaren Faktor minimiert wird. In diesem Zusammenhang sei auf das hervorragende Lehrbuch »Outdoor-Praxis Skitouren« von Christian Schneeweiß und Bernd Ritschel aus dem Bruckmann-Verlag verwiesen.

Bei der Angabe der Lawinengefährdung im Tourensteckbrief haben wir versucht, über die tendenzielle Gefährdung nach Neuschneefällen und/oder Windverfrachtung hinaus neuralgische Gefahrenstellen anzugeben. Diese Hinweise sind jedoch nicht als letztlich gültiger »Stein der Weisen« zu verstehen, sondern resultieren aus den Erfahrungen und Beobachtungen der Autoren während der Recherchen zu diesem Führer. Also gehen Sie offenen Auges und Ohres auf Tour, denn grundsätzlich ist kein Hang hundertprozentig sicher.

Abschließend noch einige dringende Bitten: Begnügen Sie sich nicht mit dem Tragen Ihres Pieps-Gerätes (am Körper, keinesfalls im Rucksack!), sondern probieren Sie es aus und trainieren Sie regelmäßig die Techniken der Verschüttetensuche. Die Überlebenschancen eines Verschütteten hängen nämlich in allererster Linie mit den Fähigkeiten und der Schnelligkeit seiner Retter zusammen. Ist das Opfer schließlich gefunden, kommen Lawinensonde und -schaufel zum Einsatz: Diese beiden Gerätschaften gehören ebenso zur unverzichtbaren Ausrüstung des Skitourengehers wie das VS-Gerät.

Noch einmal Hohe Munde: Zwar geht der Spaß erst bei der Abfahrt richtig los, doch darf die Einfahrt in einen derart steilen Hang – noch dazu mit Neuschnee – nur nach einem Schneeprofil oder einem Rutschblockversuch erwogen werden.

Die drei haben es genau richtig erwischt: Allein mit sich und der Natur genießen sie bei wenigen Zentimetern Neuschnee die Abfahrt vom Gröbner Hals (Tour 27).

Die Qual der Wahl des günstigsten Zeitpunktes

Ist die Touren-Wunschliste für den Winter einmal aufgestellt, gilt es, zur rechten Zeit am rechten Fleck zu sein und neben einem sicheren Aufstieg auch eine genußreiche Abfahrt mit möglichst guten Schneeverhältnissen zu erwischen. Einige Erfahrungswerte erleichtern die Qual der Wahl: Im Hochwinter zeigt der Neuschnee auf den südseitigen Hängen meist schon nach einem Schönwettertag die ersten »Krankheitssymptome«, während in Schattenlagen oft noch nach Tagen stiebender Pulverschnee anzutreffen ist. Anders gestaltet sich die Situation während der in den letzten Jahren häufigen russischen Festland-Hochs: Der stete Ostwind bläst die sonst meist im Lee gelegenen Hänge aus; Plattenpulver oder windgepreßter Harsch der übelsten Sorte sind die Folge – zur gleichen Zeit reift im Januar oder Februar auf den Südseiten der beste Firn. Bei der Angabe der günstigen Zeit in den Tourensteckbriefen haben wir bewußt recht enge Zeiträume gewählt, während derer die Tour in der Regel gute Bedingungen aufweist – oft kann man aber auch einen Monat früher oder später kommen.

Genuß-Skitouren in den Bayerischen Alpen

Aufgrund der natürlichen Gegebenheiten wähnt man bei erster Betrachtung die Bayerischen Voralpen samt Estergebirge und Ammergauer Alpen nicht gerade als ergiebiges Skitourenrevier für Genußspechte: Lange Forstwege und waldreiche Buckel, ab und an garniert mit einer freien Gipfelwiese, lassen allenthalben wenig Hoffnung aufkommen. Dennoch versteckt sich zwischendrin so manches Ski-Schmankerl, das man einfach einmal gefahren sein muß, selbst wenn die Münchner an schönen Wochenenden der kurzen Anfahrt wegen in Scharen anrücken. Ganz anders zeigen sich die südlich angrenzenden Berggruppen. Der Rofan lockt mit extravaganten Firnabfahrten für jeden Geschmack, ganz nach Gusto kurz oder lang, steil oder flach. Im urweltlichen Gebirg' des Karwendel reicht die Palette von stillen Skiwanderungen in den Vorbergen bis hin zu den landschaftlich großartigen Anstiegen durchs Hochglück- oder Schlauchkar. Im Wetterstein und den Mieminger Bergen schließlich kommen die Abfahrtsgourmets und Steilhangfetischisten erst so richtig auf ihre Kosten, ehe sich in den nördlichen Lechtaler Alpen mit zwei absoluten Genußtouren der Kreis schließt. Alles in allem ein erkleckliches Sümmchen feiner und feinster Ziele, das sich ohne weiteres mit den Paradeskigebieten Österreichs und der Schweiz messen kann.

Auf leisen Sohlen durch den Winter

Skitouren, das ist immer ein Stück Freizeitkonsum, ökologisch anfechtbar, aber gerade noch vertretbar, wenn man für die sonntägliche Halbtagestour nicht gerade Hunderte Kilometer mit dem eigenen Pkw durch die Lande fährt. Versuchen Sie es doch einmal mit Bussen und Bahnen: Sicher ist nicht jeder Ausgangspunkt problemlos mit öffentlichen Verkehrsmitteln zu erreichen, doch für einige Touren drängt sich die streßfreie Anfahrt mit dem Zug geradezu auf (siehe Seite 18).

Und dann wäre da noch das Verhalten im Gelände. Ganz nach dem Motto »viel Feind, viel Ehr'«, möchte man meinen, kurven so manche Zeitgenossen durch den Jungwald, daß einem die Haare zu Berge stehen. Müssen wir Tourenskifahrer denn unbedingt so lange herumstänkern, bis man uns aus den Bergen rauswirft? Es ist sicher richtig, daß die amtlichen Hüter des Waldes und Wildes die Tourengeher aus bestimmten Regionen nicht nur aus ökologischen Gründen ausgesperrt haben möchten. Aber müssen wir selbst ihnen denn auch noch die Argumente an die Hand geben? Im Interesse aller Beteiligten, der Naturschützer wie der Naturnützer, bitten wir Sie, liebe Skitourenfreunde, um schonendes Verhalten gegenüber der winterlichen Flora und Fauna. Auch wir sind uns bewußt, daß Abfahrtsschneisen aufgeforstet werden und einstmals lichte Waldabfahrten zuwachsen – bitte teilen Sie uns deshalb auch Ihre Erfahrungen mit.

Suchtgefahr nicht ausgeschlossen – bei sicherem Firn bietet die Abfahrt vom Hochiss (Tour 23) ins Hintergschöll den Gipfel der Rofan-Genüsse.

Tourenspaß für Kids

Mit Kindern in die Berge, das ist ein Thema, an dem sich die Geister scheiden, ganz besonders, wenn es um winterliche Skitouren geht. Und das mit Recht, hält man sich vor Augen, daß die Sprößlinge neben den skifahrerischen Fähigkeiten für alle Schneearten auch noch Kondition und Motivation mitbringen müssen. Ob und ab welchem Alter sie ihren Skizwerg mit auf Tour nehmen, das mögen alle Eltern für sich selbst entscheiden. Hier jedenfalls finden Sie einige ausgewählte Tourenziele aus diesem Führer, die sich aufgrund der Länge und der Schwierigkeiten auch für Kinder eignen:

Rampoldplatte	Brünnsteinschanze	Seekarlspitze
Farrenpoint	Hirschberg	Streichkopf
Wildalpjoch	Silberkopf	Gröbner Hals
Lacherkar	Zwiesel	Igelsscharte
Tagweidkopf	Rofanspitze	Galtjoch

Rail & Ski – mit öffentlichen Verkehrsmitteln on tour

Verglichen mit Schweizer Verhältnissen, läßt das Netz der öffentlichen Verkehrsmittel in Bayern und Tirol keine allzu großen Sprünge zu. Leider sind nur recht wenige Ausgangspunkte für Bergtouren wirklich günstig mit Bussen und Bahnen zu erreichen, es sei denn, man bringt genügend Zeit mit. Deswegen aber gleich jede Tages-Skitour mit dem eigenen Auto anfahren zu müssen, scheint nun doch die sprichwörtliche Flinte ins Korn geworfen. Allein die hier vorgestellte kleine Auswahl von Zielen und Varianten aus diesem Führer könnte ohne weiteres einen ganzen Skiwinter füllen. Also gönnen Sie sich doch einmal den Spaß und lehnen Sie sich bequem zurück, anstatt sich stundenlang ins Gebirg' und wieder nach Hause zu stauen.

Rampoldplatte	Bodenschneid	Stuibenkopf
Farrenpoint	Fockenstein	Mauerschartenkopf
Wildalpjoch	Neuhütteneck	Igelsscharte
Lacherkar	Hoher Fricken	Vorderes Tajatörl
Tagweidkopf	Bischof	Hinteres Tajatörl
Rotwand-Roib'n	Kareck	Grünstein-Runde
Roßkopf	Krottenkopf	Hochwannig
Rothkopf	Pleisenspitze	Plattberg
Stolzenberg	Alpspitze	Kleines Pfuitjöchl
Brecherspitz	Grieskarscharte	Großes Pfuitjöchl

Kultur und Natur im Einklang – frühwinterliches Idyll am Kloster Ettal.

Pulver oder Firn – Paradetouren für Hochwinter und Frühling
Um Ihnen die Qual der Wahl ein wenig zu erleichtern, finden Sie hier noch eine Zusammenfassung typischer Hochwinter- und Frühlingstouren.
Hochwintertouren für Pulverschnee: Rampoldplatte, Lacherkar, Brünnsteinschanze, Trainsjoch, Rotwand-Reib'n, Stolzenberg, Brecherspitz, Bodenschneid, Schildenstein, Fockenstein, Hirschberg, Hochplatte, Seekarkreuz, Zwiesel, Kotalmjoch, Gröbner Hals, Scheinbergspitze.
Frühlingstouren für Firn: Wildalpjoch, Hinteres Sonnwendjoch, Schinder, Rofanspitze, Seekarlspitze, Hochiss, Streichkopf, Guffert, Zotenjoch, Schönalmjoch, Schöttelkarspitze, Hochglückscharte, Gamsjoch, Östliche Karwendelspitze, Birkkarspitze, Alpspitze, Hohe Munde, Hochwannig.

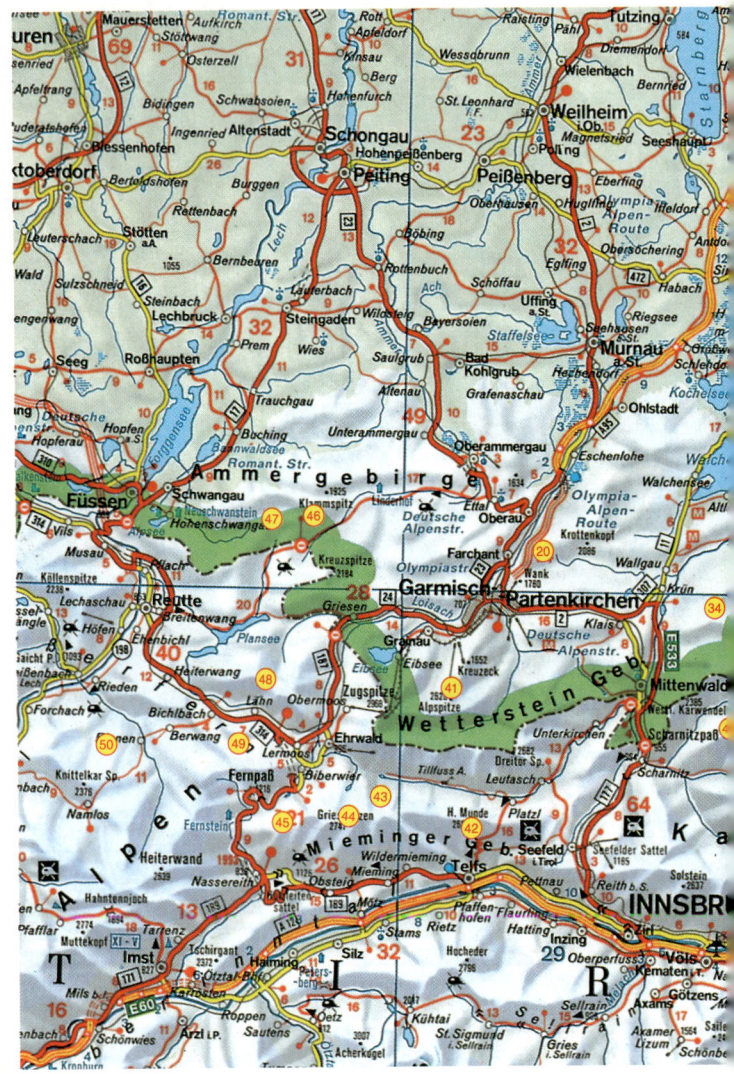

21

1 Rampoldplatte, 1422 m

Stille Skiwanderung mit genußreichem Gipfelhang

Brannenburg – Schlipfgrubalm – Rampoldalm – Rampoldplatte

Talort: Brannenburg, 509 m, im Inntal; Bahnstation der Linie Rosenheim – Kufstein; Taxidienst vom Bahnhof zum Holzlagerplatz.

Ausgangspunkt: Holzlagerplatz (Parkmöglichkeit), ca. 690 m, am Ausgang des Kirchbachtales, an der Straßenverzweigung zum Gasthaus Kogl.

Gehzeiten: Brannenburg – Schlipfgrubalm ½ Std., Schlipfgrubalm – Rampoldalm 1¼ Std., Rampoldalm – Rampoldplatte ¾ Std.; insgesamt 2½ Std.

Höhenunterschied: 730 m.

Anforderungen: Gemütliche Skitour über Forstwege und Almwiesen; der nordwestseitige Gipfelkamm ist oft abgeblasen, auf den letzten Metern zum Gipfel müssen die Ski dann getragen werden.

Hangrichtung: Nordost- bis ostseitig.

Lawinengefährdung: Unterhalb der Rampoldalm kaum lawinengefährdet; der weitere Zugang zum Gipfelkamm und der steile Gipfelhang sind nach starken Neuschneefällen und bei intensiver Windverfrachtung allerdings mitunter schneebrettgefährdet.

Orientierung: Selbst an Wochenenden kann nicht immer mit Spuren gerechnet werden. Dennoch lassen die Forstwege im unteren Teil kaum »Verhauer« zu. Im freien Almgelände gibt es bei schönem Wetter ebensowenig Orientierungsprobleme. Bei Nebel oder starkem Schneefall allerdings kann man dort schon einmal den Überblick verlieren.

Günstige Zeit: Januar – März.

Variante: Skiwanderung zum Farrenpoint, 1273 m.

Die Gipfelwiese am Farrenpoint: kurz, aber genußreich.

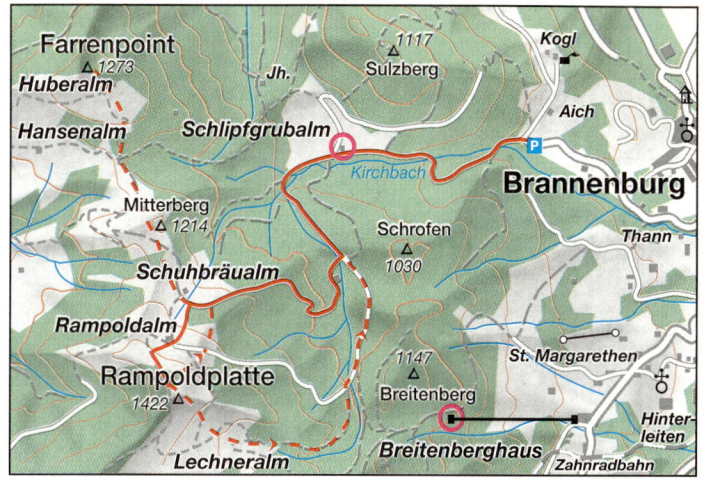

Um es gleich vorweg zu nehmen: Die Rampoldplatte ist kein Skiberg par excellence mit rauschender Abfahrt. Vielmehr bietet sie eine beschauliche Skiwanderung, die höchstens am Wochenende von Einheimischen begangen wird, mit einem genußreichen Gipfelhang als Draufgabe.

Machen wir uns also am oberen Holzplatz in **Brannenburg** auf den Weg und wandern entlang der Forststraße (Rodelbahn) hinein ins Kirchbachtal zur **Schlipfgrubalm**. Weiter geht es stets längs des Kirchbaches, bis sich an einer deutlichen Wegverzweigung nach rechts über den Bach hinweg der Weiterweg auf einer Almstraße zur Schuhbräualm anbietet. Sobald das Gelände freier wird, die Alm liegt bereits im Visier, biegen wir nach links hin ab und ziehen unsere Spur erst durch lichten Baumbestand, dann über freie Wiesen hinauf zur **Rampoldalm**. An ihr vorbei gelangen wir durch eine Mulde hinaus auf den von der **Rampoldplatte** nach Nordwesten abstreichenden Kamm. Über diesen ohne Schwierigkeiten zum Gipfel, wobei die Ski meist kurz über ein abgeblasenes Wegstück getragen werden müssen. Ihre Mitnahme lohnt aber ungemein, wenn die nordostseitig ausladenden Wächten nicht zu mächtig angewachsen sind und so eine direkte Einfahrt in den Gipfelhang erwogen werden kann. Dann heißt es »Zöpferl flechten« runter bis zur Forststraße. Auch über den Osthang kann zur Lechneralm und ins Kirchbachtal abgefahren werden. Bei Schneebrettgefahr im Gipfelbereich der Rampoldplatte empfiehlt sich ab der Schuhbräualm der Weiterweg um den Mitterberg herum zum **Farrenpoint**, der zwar ein kurzes, aber lawinensicheres Tiefschneevergnügen zu bieten vermag.

2 Wildalpjoch, 1720 m

Firnvergnügen über dem Sudelfeld

Sudelfeld – Jackelberger Alm – Wildalpjoch

Talort: Bayrischzell, 800 m; mit der Eisenbahn günstig ab München über Holzkirchen zu erreichen, weiter mit Bus oder Taxi zum Sudelfeld.

Ausgangspunkt: Sudelfeld; großer Parkplatz etwa 3 km nach dem Sudelfeldsattel rechts der Straße, am Eingang ins Arzmoos, ca. 1000 m.

Gehzeiten: Sudelfeld – Jackelberger Alm 20 Min., Jackelberger Alm – Wildalpjoch 2 Std.; insgesamt knapp 2½ Std.

Höhenunterschied: 720 m.

Anforderungen: Überwiegend leichte Skitour mit einigen allerdings schon etwas steileren Passagen; für Anfänger dennoch gut geeignet.

Hangrichtung: Süd- bis südostseitig.

Lawinengefährdung: Nach kalter Nacht und bei frühzeitiger Abfahrt nur selten lawinengefährdet; der südostexponierte Gipfelhang kann jedoch besonders nach Neuschneefällen und bei starker Erwärmung eine erstaunliche Eigendynamik entwickeln.

Orientierung: Problemlos, da beinahe während der gesamten Saison gespurt. Außerdem ist der Gipfel nahezu immer sichtbar oder unschwer zu erahnen.

Günstige Zeit: Januar – März.

Variante: Querung zur Käserwand – lohnende sanierte Klettertouren (1 – 2 Seillängen) auf der Süd- und Südwestseite. Von dort steile Südabfahrt hinunter zur Jackelberger Alm.

Mit seiner geradezu idealen Südabfahrt – waldfrei, zügig und stets der Sonne zugewandt – nimmt das Wildalpjoch eine Sonderstellung unter den sonst weniger skifreundlich gestalteten Bayerischen Voralpen ein: Kein lähmender Ziehweg hemmt den Zugang, kein Waldstück die Abfahrt.

Beim geräumigen Parkplatz am **Sudelfeld** überqueren wir die Straße und den markanten Einschnitt des Arzbaches, um uns sogleich rechts, vorbei an einer Schranke, auf der orographisch rechten Bachseite einwärts ins Arzmoos zu halten. Schon bald endet der bislang benutzte Wirtschaftsweg an einem kleinen, von links einmündenden Bachbett. Über freie Wiesen steigen wir nun in nordwestlicher Richtung rechts eines Geländeeinschnittes auf. Die **Jackelberger Alm** wird dabei nicht berührt, liegt aber nur wenige Meter weiter links auf einer Kuppe. In gleichbleibender Grundrichtung erreichen wir am Waldrand eine alte, freistehende Eiche, an der vorbei wir leicht den Durchschlupf durch eine schmale Lichtung mit einer Jagdhütte finden. Schon bald stehen wir am Fuß des etwa 300 Meter hohen, hindernislosen Gipfelhanges. In jedem Falle sind wir nun gut beraten, uns hier gleich links zu halten – längs des Waldrandes auf den steilen, aber lawinensicheren und gut begehbaren Südkamm des **Wildalpjoches** zu. Über diesen nähern wir uns, recht rasch an Höhe gewinnend, dem Gipfel, den wir zuletzt entweder direkt oder mit einer kurzen rechtsseitigen Schleife erreichen.

Die Abfahrt folgt im wesentlichen der Aufstiegsspur; bei sicherem Firn jedoch werden wir unsere Spuren nicht entlang des Südkammes ziehen, sondern kunstvolle Girlanden in die herrliche Südostflanke zeichnen.

Geschafft: kurz vor dem Gipfel des Wildalpjoches, im Hintergrund der Wendelstein.

3 Lacherkar – Tagweidkopf, 1634 m

Genuß pur: Abfahrtskapriolen unter dem Wendelstein

Wendelsteinhaus – Lacherkar – Tagweidkopf – Sudelfeldstraße

Talorte: Brannenburg, 509 m, im Inntal; Bahnstation an der Linie Rosenheim – Kufstein; Taxidienst vom Bahnhof zur Talstation der Wendelstein-Zahnradbahn. Osterhofen, 786 m; mit der Eisenbahn ab München über Holzkirchen zu erreichen. Vom Bahnhof in wenigen Minuten zur Talstation der Wendelstein-Gondelbahn.

Ausgangspunkt: Wendelsteinhaus, 1720 m, an der Bergstation der beiden Wendelsteinbahnen. Während der Betriebszeiten der Bahnen durchgehend bewirtschaftet, jedoch keine Nächtigungsmöglichkeit.

Gehzeiten: Bergstation Wendelsteinbahnen – Lacherkar ¼ Std., Lacherkar – Tagweidkopf ¼ Std.; insgesamt ½ Std.

Höhenunterschied: 160 m Aufstieg und 650 m Abfahrt.

Anforderungen: Typische Variantenabfahrt mit kurzen, technisch problemlosen Aufstiegen, teilweise allerdings recht steilen Abfahrtshängen.

Hangrichtung: Südost- bis ostseitig.

Lawinengefährdung: Das Lacherkar ist wegen des schützenden Latschenbewuchses der seitlichen Hänge relativ selten lawinengefährdet. Dennoch muß man bei der Einfahrt in den oberen, steilen Hang, insbesondere nach Neuschnee und bei starker Erwärmung, ein wenig Vorsicht walten lassen – Schneebrettgefahr und Naßschneerutsche sind dort nicht auszuschließen.

Orientierung: Einfach und meist gut eingespurt.

Günstige Zeit: Januar – März.

Varianten: Querung aus dem oberen Teil des Lacherkars zum Tagweidkopf und Abfahrt über dessen Osthang zur Lacheralm. Oder nach der Abfahrt durch das Lacherkar Aufstieg zum Wildalpjoch und Abfahrt über den Seehang Richtung Brannenburg bzw. über die Jackelberger Alm zum Sudelfeld (siehe Tour 2).

Es ist schon paradox: Seit Großvaters Zeiten zählt der Wendelstein zusammen mit Sudelfeld und Spitzing zu den bevorzugten Pistengebieten der Münchner Skifahrer – und doch ist es im Jahre 1994 einem einzelnen Almbauern gelungen auf gerichtlichem Wege die einstweilige Einstellung des Skibetriebes zu erwirken. Das Verfahren befindet sich derzeit (Januar 1997) noch in der Schwebe. Tatsache ist allerdings, daß vorerst noch keine Ski in den beiden Wendelsteinbahnen transportiert werden dürfen. Wir haben uns dennoch entschlossen, die Variantenabfahrt durch das Lacherkar in der ehedem üblichen Art und Weise, also von der Bergstation der Wendelsteinbahnen aus, vorzustellen, da mit einer dauerhaften »Aussperrung« des Skifahrervolkes, am Wendelstein kaum zu rechnen ist. Einstweilen allerdings muß man, um das Lacherkar von oben zu erreichen, den etwa zweistündigen Anstieg von Osterhofen längs der Skipisten unter die Felle nehmen.

Der »Anstieg« vom **Wendelsteinhaus** zum Lacherkar beginnt mit einem Paukenschlag: Über die beiden steilen und mit Buckeln übersäten Hotelhänge geht es hinab in die Zeller Scharte. Von dort quert man fast eben unter der Kesselwand hindurch, auf die Bergstation des Schleppliftes unter dem Lacherspitz zu. Ob für diesen Mini-Anstieg extra die Felle aufgezogen werden müssen, mag jeder für sich entscheiden.

Dort angelangt können Gipfelsammler natürlich ihre Statistik verbessern und in wenigen Minuten nach Süden auf den Felsgupf des Lacherspitz kraxeln. Wer es mehr auf die Abfahrt durch das **Lacherkar** abgesehen hat, der wird den Gipfel noch kurz Richtung Osten und Süden umgehen und gleich in

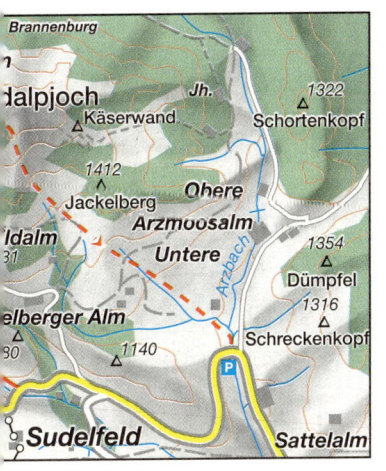

einer ersten Schrägfahrt in das ostseitige Kar hineinqueren. Hier steht man dann bald vor der Qual der Wahl: Während linksseits im Sonnenhang schon früh im Jahr Firn anzutreffen ist, wird im rechten, schattseitigen Hang der Pulver lange konserviert und hat selbst nach einigen Tagen Schönwetter oft noch die allerflaumigste Qualität. Viel zu schnell ist nach diesen Abfahrtsfreuden in dem flachen Boden oberhalb der Lacheralm das Ende des Kars erreicht. Wer nun schon genug hat, fährt, der Almstraße folgend, nach rechts hinüber in die Südhänge des Tagweidkopfes und schwingt dort hinab zur Talstation einer Materialseilbahn. Durch einen flachen Talboden und um einen Höhenrücken herumquerend gelangt man nun an den letzten Hang hinunter zum großen Parkplatz an der **Sudelfeldstraße**. Per Autostopp geht es zurück nach Osterhofen oder Brannenburg.

Wem allerdings das Lacherkar allein nicht für einen ausgefüllten Skitag reicht, dem bieten sich an der Lacheralm noch mehrere Zugaben. Die lohnendste dürfte sicherlich der hindernislose Osthang des **Tagweidkopfes** gleich hinter der Alm sein (+ ½ Std.). Dieses Zuckerl erreicht man allerdings auch aus dem obersten Hang des Lacherkares. Aufstiegs-Minimalisten queren dazu nach Süden in die Scharte zwischen Lacherspitz und Tag-

Das Lacherkar kann auch auf dem sonnseitigen Anstieg vom Sudelfeld unter dem Tagweidkopf hindurch erreicht werden. Der aus der Scharte zwischen den beiden Gipfelchen nach rechts herabziehende Osthang bietet eine ideale Zugabe.

Pulver oder Firn: Im Lacherkar hat man die Wahl zwischen dem Sonnenhang unter dem Lacherspitz und dem Schattenhang unter dem Tagweidkopf.

weidkopf. Jenseits wird leicht abfahrend und wieder aufsteigend ein Vorgipfelchen umrundet, und schon steht man am Beginn der Abfahrt. Wer gerne noch einen längeren Aufstieg unter die Felle nimmt, der zieht direkt nach Norden hinauf und gelangt über den Westkamm aufs Wildalpjoch (+ 1 Std.), um über die Jackelberger Alm gut 700 Höhenmeter zum Sudelfeld abzufahren (s. Tour 2).

4 Brünnsteinschanze, 1545 m

Halbtages-Ausflug über dem »Feurigen Tatzelwurm«

Waldparkplatz – Seelacher Alm – Brünnsteinschanze

Talort: Brannenburg, 509 m, im Inntal.
Ausgangspunkt: Waldparkplatz, 800 m, über dem Gasthaus »Zum Feurigen Tatzelwurm«. Aus Brannenburg kommend führt von der Sudelfeldstraße kurz nach der Abzweigung zum Tatzelwurm nach links ein schmales Sträßchen dorthin.
Gehzeiten: Waldparkplatz – Seelacher Alm 1¾ Std., Seelacher Alm – Brünnsteinschanze 40 Min.; insgesamt 2½ Std.
Höhenunterschied: 750 m.
Anforderungen: Ideale Einsteigertour mit Forstwegen und mäßig steilen Hängen.
Hangrichtung: West- bis nordseitig.
Lawinengefährdung: Weitgehend lawinensicher, im Gipfelbereich höchstens bei extremen Verhältnissen gefährdet.
Orientierung: Einfach, meist gespurt.
Günstige Zeit: Dezember – Februar.
Varianten: Abfahrt von der Brünnsteinschanze nach Norden. Auch der zwischen Seelacher Alm und Baumoosalm gelegene Höhenrücken bietet kurze, aber hübsche Variationsmöglichkeiten.

Die Brünnsteinschanze ist eine der typischen Sonntagvormittagstouren der Rosenheimer und Ebersberger Tourengeher. Zeitiger Aufbruch, im Laufschritt auf den Berg, und nach flotter Abfahrt sitzt man rechtzeitig zum mittäglichen Schweinebraten im Gasthaus. Doch diese Tour bietet mehr, vielmehr: Gerade den Neulingen in der skibergsteigenden Zunft ermöglicht sie die ersten gefahrlosen und genußreichen Schritte in die »unverpistelte«, winterliche Bergwelt.

Hat man also am **Waldparkplatz** über dem »Feurigen Tatzelwurm« erstmals die Felle aufgezogen und »Hand« ans Gerät gelegt, leitet ein schmales, etwas steileres Forststräßchen mit einer ersten Serpentine hinein in den Wald und durch diese hinauf zu den freien Wiesen der Schoißer Alm. Dort trifft man auf eine Almstraße, die ebenfalls vom Waldparkplatz heraufkommt. Dieser folgt man kurz nach Südosten, biegt dann aber gleich rechts ab, um im Nordosthang des Auerberges eine weite Straßenkehre abzukürzen. Oben angelangt umrunden wir auf dem Weg den Höhenrücken des Auerberges, nehmen an einer Weggabelung die linksseitige Abzweigung und bummeln,

*Ein Traumtag an der Brünnsteinschanze: Im frischgefallenen Pulverschnee ziehen
wir die ersten Spuren zum Höhenrücken zwischen Seelacher Alm und Daumoosalm.*

mal steiler, mal flacher, hinauf zur **Seelacher Alm**. An den Hütten vorbei,
geht man das Tälchen noch weiter nach Süden hinauf, bis links der freie
Gipfelhang der **Brünnsteinschanze** sichtbar wird. Nun sind nur noch einige
Spitzkehren gefragt, ehe man am höchsten Punkt steht, den übrigens nur
einige wind- und wettergegerbte Bäumchen markieren. Die Abfahrt folgt dem
Anstiegsweg. Hat anhaltender Westwind den letzten Aufstiegshang zu sehr
mit Windgangeln übersät, empfiehlt sich die nordseitige Abfahrtsvariante, die
erst unterhalb der Seelacher Alm auf die Anstiegsroute trifft.

5 Großer Traithen, 1852 m

Unbekannte Abfahrt von einem altbekannten Skiberg

Ursprungtal – Nesselalm – Wirtsalm – Unterberger Joch – Großer Traithen

Talort: Bayrischzell, 800 m.

Ausgangspunkt: Die Verbindung zwischen Bayrischzell und Landl in Tirol bildet das Ursprungtal. Parkmöglichkeit an der Einmündung des Nesseltales, etwa 1½ km südlich des Zipflwirtes, oder beim Wirtshaus Bäckeralm, 840 m.

Gehzeiten: Ursprungtal – Nesselalm ¼ Std., Nesselalm – Wirtsalm 1 Std., Wirtsalm – Gr. Traithen 1¾ Std.; insgesamt 3 Std.

Höhenunterschied: 1020 m.

Anforderungen: In den oberen, steileren Hängen ist eine saubere Anstiegstechnik von Vorteil. Dennoch nicht schwierig.

Hangrichtung: Südost- bis südwestseitig.

Lawinengefährdung: Bei fortschreitender Tageserwärmung besonders unterhalb des Unterberger Jochs Gefahr von Naßschneerutschen.

Orientierung: Selten gespurt; dennoch bis zur Wirtsalm problemlos, oberhalb nicht ganz leicht.

Günstige Zeit: Januar – März.

Varianten: Nord- und ostseitige Abfahrtsmöglichkeiten zum Tatzelwurm; empfehlenswert sind die Abfahrt über Fell-, Seeon- und Baumoosalm sowie der Nordhang vom Steilner Joch hinab – für beide wegen der vielen Latschen hohe Schneelage notwendig. Die Abfahrt über das Steilner Joch zur Himmelmoosalm ist zwar sehr aussichtsreich, verläuft aber über einen teilweise schmalen Kamm mit unangenehmen Engstellen.

Seit alters her zählt der Große Traithen über dem Sudelfeld zu den großen Voralpentouren. Allerdings sind die ehedem frequentierten Ost- und Nordanstiege vom Tatzelwurm und aus dem oberen Sudelfeld insofern schon ein wenig in die Jahre gekommen, als die latschenreichen Nord- und Osthänge des Traithen unbedingt eine hohe Schneelage erfordern. Und mit der ist es ja in den letzten Wintern bekanntlich nicht weit her gewesen. Daher haben wir uns auf die Suche gemacht und auf der Südseite eine nahezu unbekannte Aufstiegsroute entdeckt, die – verglichen mit den anderen Anstiegen – viel weniger verwickelt zum Gipfel führt und zudem eine wunderbar freie Firnabfahrt verspricht.

Südlich des Zipflwirts, unweit des Gasthauses Bäckeralm, mündet das Nesseltal mit einem Forstweg ins **Ursprungtal**. Hier legen wir die Felle an und wandern ohne Orientierungsprobleme nach Osten hinein in den ausgeprägten Taleinschnitt. Schon nach kurzer Zeit passieren wir die kleine Wiesenfläche der **Nesselalm**. Der Forstweg zieht noch ein geraumes Stück im Talboden hinein, ehe er sich in wenigen Serpentinen recht steil über einen Südwesthang in einen markanten Einschnitt hinaufwindet. Dort erreichen wir die freieren Flächen der **Wirtsalm**.

Ohne die weiter östlich gelegenen Almhütten zu berühren, halten wir uns gleich nach links und umrunden leicht ansteigend einen Höhenrücken zu den Jagdhütten an der Hirschlacke. Von hier sind nun die großteils freien Hänge hinauf zum **Unterberger Joch** gut einzusehen: Dem Weg des ge-

ringsten Widerstandes folgend legen wir die Spur, Waldstückchen und Steilstufen geschickt ausweichend, hinauf zum Gipfelkamm. Nach Nordwesten
geht es nunmehr sanft ansteigend dem Kamm entlang hinüber zum **Großen
Traithen**. Die Abfahrt folgt dem Anstiegsweg.

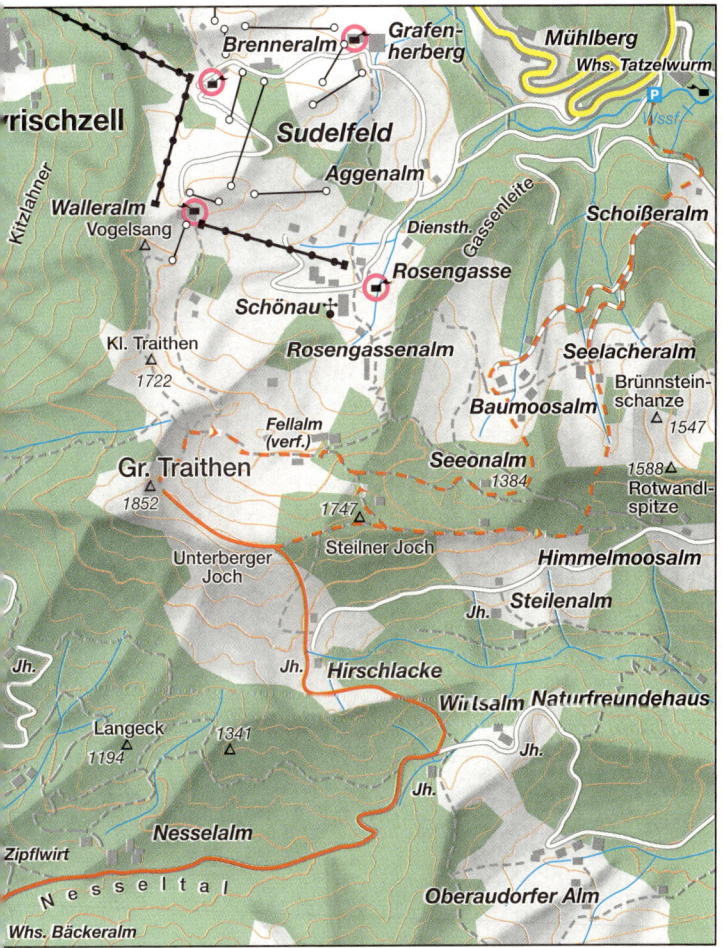

6 Trainsjoch, 1707 m

Etwas versteckte Voralpentour für Früh- und Hochwinter

Ursprungtal – Untere Trockenbachalm – Trainsjoch

Talorte: Bayrischzell, 800 m; Landl, 685 m, im Tal der Thierseer Ache.

Ausgangspunkt: Die Verbindung zwischen Bayrischzell und Landl in Tirol bildet das Ursprungtal. Parkmöglichkeit an der Einmündung des Trockenbachtales, 830 m, knapp 1 km südlich des Grenzübergangs.

Gehzeiten: Ursprungtal – Untere Trockenbachalm ¾ Std., Untere Trockenbachalm – Trainsjoch 1¾ – 2 Std.; insgesamt 2½ – 3 Std.

Höhenunterschied: 880 m.

Anforderungen: Mäßig schwierig, bei wenig Schnee kurzer Gipfelanstieg ohne Ski.

Hangrichtung: Südseitiger Gipfelhang, ansonsten nordwest- bis westseitig.

Lawinengefährdung: Oberhalb der Trockenbachalm aus den Südhängen des Trainsjoches mitunter schneerutsch- und lawinengefährdet. Man bleibt daher am besten deutlich rechts oberhalb des Bacheinschnittes.

Orientierung: Auch bei schlechter Sicht recht einfach, zudem meist gespurt.

Günstige Zeit: Dezember – Februar.

Varianten: Ausgesprochen lohnende Abfahrtsmöglichkeiten vom Ascherjoch und Semmelkopf (+¼ Std.) nach Nordwesten zur Trockenbachalm. Von knapp unterhalb des Trainsjochgipfels (Ski mitnehmen!) kann bei hoher Schneelage durch eine schmale und steile Rinne nach Osten zur Trainsalm abgefahren werden.

Trotz seiner etwas versteckten Lage im hintersten Ursprungtal erfreut sich das Trainsjoch großer Beliebtheit bei Tiroler und oberbayerischen Skitourengehern, ohne jedoch überlaufen zu sein. Dies mag wohl an den vielfältigen Abfahrtsvarianten von Semmelkopf und Ascherjoch hinab zur Trockenbachalm liegen, obwohl die beiden Gipfelchen beim Anstieg eigentlich nicht berührt werden.

Den Anstieg aus dem Ursprungtal auf der Forststraße (neuerdings angeblich manchmal gestreut) durch das enge Trockenbachtal zur **Unteren Trockenbachalm** teilen wir mit so manchem Rodler, denn für deren Kufengefährte ist die Neigung wie geschaffen. Nachdem wir von der Nord- auf die

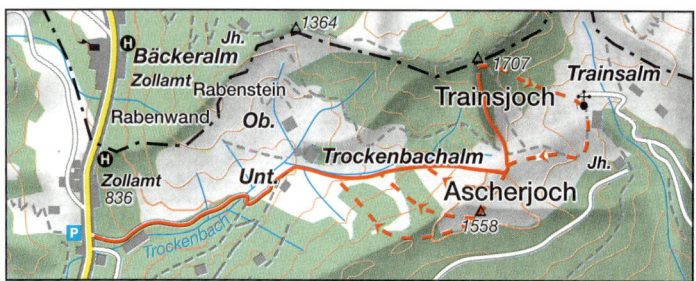

Aufstieg zum Semmelkopf: im Hintergrund der Gipfelhang zum Trainsjoch.

Südseite des Baches gewechselt sind, haben wir schon bald die freien Wiesen erreicht und wenden uns an der Almhütte nach rechts. Dort kommt aus östlicher Richtung der markante Bacheinschnitt des Trockenbaches herab, durch den wir in annähernd gleichbleibender Hangneigung den Sattel zwischen Trainsjoch und Semmelkopf erreichen. Dort wenden wir uns im 90-Grad-Winkel nach links und steigen längs eines Rückens und über den oberen Südhang des **Trainsjoches** dem Gipfel entgegen. Unter dem engen Latschenverhau des Vorgipfelchens bleiben die Ski bei niedriger Schneelage zurück, zu Fuß stapfen wir dann dem Sommerweg folgend zum höchsten Punkt.

Statt der Abfahrt am Anstiegsweg empfiehlt es sich, im Sattel unterhalb des Trainsjochs nochmals die Felle aufzuziehen und auf den Semmelkopf hinüberzugehen. Meist sind 500 Höhenmeter feinster Pulver der Lohn der Mühe.

7 Hinteres Sonnwendjoch, 1986 m

»Grande Dame« der Bayerischen Voralpen

Stallenalm – Ackernalm – Hinteres Sonnwendjoch

Talort: Landl, 685 m, im Tal der Thierseer Ache.

Ausgangspunkte: Stallenalm, 954 m, an der Mautstraße zur Ackernalm, ab April mit dem Auto erreichbar. Sollte eine Auffahrt nicht möglich sein, läßt man das Auto an der Abzweigung der Mautstraße im Ursprungtal, gut 1 km westlich von Landl, stehen (+ 1 Std.). Mountainbike empfehlenswert.

Gehzeiten: Stallenalm – Ackernalm 1¼ Std., Ackernalm – Hint. Sonnwendjoch 1¾ Std.; insgesamt 3 Std.

Höhenunterschied: 1050 m.

Anforderungen: Verzwickter Durchstieg über die beiden Felsriegel oberhalb der Ackernalm und steile Hänge im Gipfelbereich, daher ausschließlich für erfahrene Tourengeher.

Hangrichtung: Südseitig.

Lawinengefährdung: Nach Neuschneefällen lawinengefährdet. Nur bei stabilem Firn ratsam.

Orientierung: Oberhalb der Ackernalm in lichten Wald und zwischen den Felsriegeln problematisch, sonst einfach. Selten gespurt.

Günstige Zeit: März – April.

Varianten: Südwestseitige Abfahrt zur Steinkaseralm, dann allerdings Gegenanstieg zum Burgstein nötig (+ 1 Std.). Ostseitige Abfahrt durch den Schnittlauchgraben zur Wildenkaralm und auf dem Forstweg zur Mautstraße.

Wie es sich für große Damen so gehört, will auch das Hintere Sonnwendjoch – übrigens höchster Gipfel der Bayerischen Voralpen – erobert werden. Die »Grande Dame« liegt ganz versteckt im Süden der Rotwandgruppe schon vollständig auf Tiroler Boden und zeigt den Bayern nur ihre kühle und herbe Nordseite, in der steile Waldflanken und wildes Geschröf dominieren. Ganz anders das Gesicht nach Süden: weite, gleißende Hänge, dem Anschein nach sehr skifreundlich. Doch auch hier zeigt sie Mucken und Tücken.

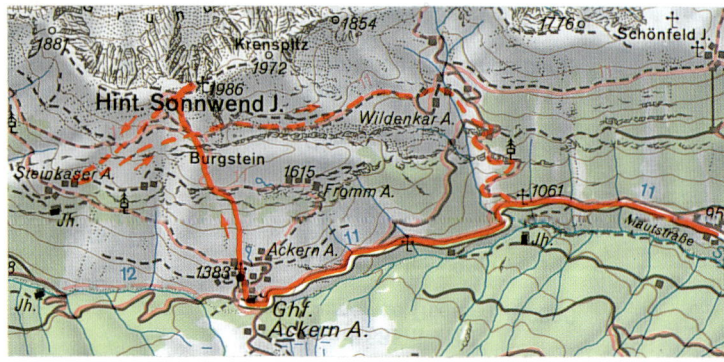

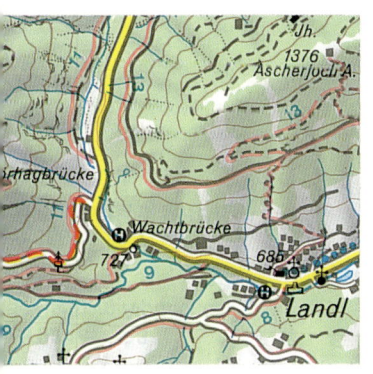

Am Sonnwendjoch über der Ackernalm sind Einsamkeits-Liebhaber unter sich.

So gerät der Zustieg – egal ob von der **Stallenalm** oder aus dem Ursprungtal – zu einem veritablen Straßenhatscher, der bestenfalls durch ein gebirgstaugliches Radl verkürzt werden kann.

Spätestens an der **Ackernalm** ahnt man jedoch, daß man nicht umsonst hier herauf gekommen ist. Über einen freien Südhang geht es geradewegs rechts hinauf zum ersten Felsriegel. Dieser wird soweit nach Westen verfolgt, bis eine Rampe den Durchstieg vermittelt. Dahinter steigt man leicht linkshaltend zum zweiten Felsriegel auf, der sich in einer Bresche etwas leichter überwinden läßt. Schon steht man am flachen Rücken des Burgstein, hinter dem es leicht fallend in eine Senke geht, aus der man über den steilen und abgerundeten Kamm zum **Hinteren Sonnwendjoch** gelangt.

8 Rotwand-Reib'n, 1884 m

Ein bißchen Klassik mit neuen Akkorden – ausschließlich für Bahnfahrer

Bergstation Taubensteinbahn – Rotwandhaus – Abstecher zur Rotwand – Auerspitz – Soinalm – Gamswand - Osterhofen

Talort: Neuhaus, 801 m, südlich des Schliersees. Mit der Bahn günstig ab München über Holzkirchen zu erreichen. Mit Bus oder Taxi zum Spitzingsee.
Ausgangspunkt: Bergstation der Taubensteinbahn, 1600 m.
Endpunkt: Osterhofen bei Bayrischzell, 786 m; günstige Bahnverbindungen über Holzkirchen nach München. Rückkehr zum Ausgangspunkt sehr problematisch, daher ideal für Bahnfahrer.
Gehzeiten: Bergstation Taubensteinbahn – Rotwandhaus 1¼ Std., Abstecher zur Rotwand ¾ Std., Rotwandhaus – Auerspitz ½ Std., Auerspitz – Soinalm 20 Min., Soinalm – Gamswand ¾ Std., Gamswand – Osterhofen 1 Std.; insgesamt 5 – 6 Std.
Höhenunterschied: 600 m.
Anforderungen: Durch das ständige Auf und Ab in dieser Zusammenstellung recht anstrengende Skitour. Bei der Abfahrt von der Gamswand folgt nach dem Gipfelhang ein sehr enges und steiles Waldstück mit etwa 140 Höhenmetern, durch das die Ski in der Regel getragen werden müssen. Abschließend noch ein steiler Forstweg.
Hangrichtung: Westseitige Hangquerungen beim Anstieg zum Rotwandhaus. Gipfelhang Rotwand südseitig. Abfahrten von Auerspitz und Gamswand nord- bis nordostseitig.
Lawinengefährdung: Nach Neuschneefällen mit Windverfrachtung besonders an Auerspitz und Gamswand schneebrettgefährdet. Zudem ist auch die Querung von der Taubensteinbahn nicht sicher.
Orientierung: Bis zum Rotwandhaus bzw. Auerspitz einfach und meist gespurt. Danach seltenst gespurt und nur für Pfadfinder empfehlenswert.
Günstige Zeit: Januar – März.

Varianten: Klassische Rotwand-Reib'n über Kümpflscharte, Groß- und Kleintiefenthalalm (für alle, die sich der großen Runde nicht gewachsen fühlen, – 1 Std.). Abfahrt vom Auerspitz über Soinsee und Schellenbergalm nach Osterhofen.

Die klassische Rotwand-Reib'n als **die** Münchner Paradetour in einem Führer dieser Art zu rühmen, das hieße nun wirklich Eulen nach Athen tragen. Die Tour hat sicherlich ihre Vorzüge, sie bietet großartige Aussichten, ständig wechselnde Szenarien und ist obendrein regelmäßig gespurt, also auch für den Einsteiger bei entsprechenden Verhältnissen durchaus machbar. Dennoch entspricht sie heutzutage nicht mehr ganz dem, was sich der moderne Tourenskifahrer unter einer wirklich tollen Unternehmung vorstellt. Wir haben daher versucht, eine neue Variante auszukundschaften, die zwar selbst den ausgefuchsten Wegsucher auf die Probe stellt, aber auch ein deutliches Plus an unverspurter Abfahrt bereithält. Aber eines müssen Sie uns versprechen: unbedingte Rücksichtnahme auf Wild und Wald!

Der Seilbahn am **Taubensteinsattel** entstiegen, reihen wir uns in die lange Schlange der Rotwand-Umfahrer und queren ansteigend östlich um den Taubenstein herum an den Nordkamm des Lempersberges. Längs des Kammes steigen wir kurze Zeit steil empor, bis auf etwa 1740 Meter Höhe die westseitige Querung des Lempersberges ansetzt. Erst in leichtem Auf und Ab, später etwas steiler in ein Schärtchen hinauf gelangen wir so auf die Südseite der Rotwand und in östlicher Richtung zum **Rotwandhaus**. Die **Rotwand** selbst ist von hier aus in einem Katzensprung »mitzunehmen«.

An der Hütte vorbei, geht es über einen steileren Hang hinab in die Kümpflscharte (Abfellen lohnt fast nicht), ehe wir am Nordwestkamm zwischen den Latschen zum **Auerspitz** aufsteigen. Spätestens hier trennen sich die Wege: Wer zum Spitzing zurück will, schwingt den Nordhang hinunter, während wir – vorbei an den Ruchenköpfen – nach Nordosten hinabsausen zum Ruchenkopfhüttchen. Weiter geht's das Tälchen hinaus zu den Wiesen der **Soinalm**. Nun kommen die Felle wieder zum Einsatz: Am nördlichen Rand der Almwiesen queren wir noch ein Stückchen Richtung

Bei Schönwetter herrscht auf dem Weg zum Rotwandhaus stets Hochbetrieb ...

.. einsamer Winterwald dagegen an der Gamswand; im Hintergrund der Miesing.

Osten, schwenken dann langsam nach Nordosten hinein in den lichten Wald und ziehen unsere Spur im Bogen nach Norden und Westen hinauf zur **Gamswand**. Der Gipfel ist weder bezeichnet noch markant, so daß für uns das Erreichen der freien Gipfelwiesen – an ihrem oberen Ende versteht sich – den höchsten Punkt darstellt. Der nordostseitige Steilhang bietet nun den Gipfel der Genüsse. An einer Jagdhütte fahren wir rechts vorbei, hinab bis zur Waldgrenze. Ein Steiglein (Ski tragen!) leitet zwischen einem Bachgraben (rechts) und Felsabbrüchen (links) hinunter auf die Wiesen der Klarer Alm. Dort halten wir uns nach Nordwesten auf den Forstweg, der durch den engen Graben des Steilenbaches hinausführt zu den Wiesen von **Osterhofen**. Nun allerdings heißt es kräftig schieben ...

9 Schinder, 1808 m

Frühjahrsschmankerl über der Valepp – (fast) ganz ohne Schinderei

Valepp – Karboden Schinderkar – Österreichischer Schinder

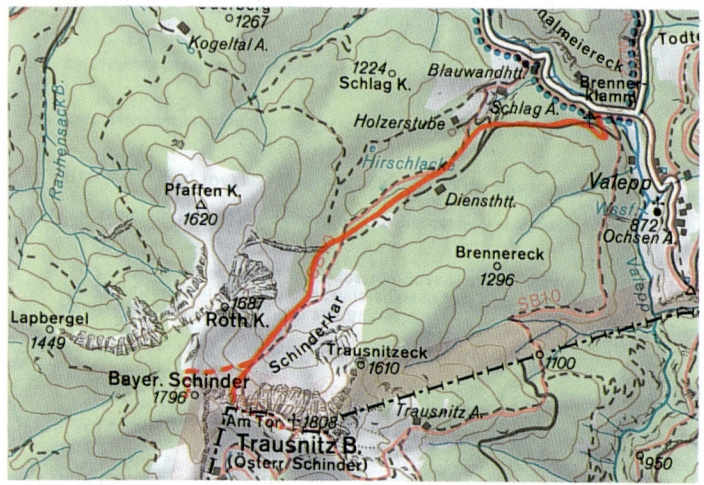

Talort: Rottach-Egern, 740 m, am Südufer des Tegernsees.

Ausgangspunkt: Tal der Weißen Valepp, knapp westlich des Zusammenflusses mit der Roten Valepp, 920 m. Die Wintersperre der Mautstraße von Enterrottach in die Valepp wird bei entsprechenden Verhältnissen etwa ab Ostern aufgehoben.

Gehzeiten: Valepp – Karboden Schinderkar ¾ Std., Karboden Schinderkar – Österreichischer Schinder 1¾ Std.; insgesamt 2½ Std.

Höhenunterschied: 890 m.

Anforderungen: Die nach oben zu immer steileren Hänge verlangen eine saubere Aufstiegstechnik. Ab Skidepot steiler und meist hartgefrorener Ausstieg ins Schindertor.

Hangrichtung: Nord- bis nordostseitig.

Lawinengefährdung: Nur bei absolut sicherem Firn ratsam. Nach Neuschnee oft lawinengefährdet.

Orientierung: Häufig gespurt, daher einfach. Bei schlechter Sicht und fehlenden Spuren schwierig.

Günstige Zeit: April.

Variante: Ostseitiger, sehr steiler Ausstieg in die Scharte nördlich des Bayerischen Schinders (manchmal große Wächte; nur bei frühzeitigem Aufbruch).

Es ist kaum zu glauben, aber es gibt sie, die absolute Frühjahrstour in den Bayerischen Voralpen. Und das wissen die Tourengeher des Oberlandes natürlich seit jeher zu schätzen, weshalb an den Ostertagen, wenn die Mautstraße in die Valepp – bei entsprechenden Verhältnissen – ihre Schranken hebt, rege Betriebsamkeit im sonst recht stillen Schinderkar herrscht. Die Ausgangspunkte in der **Valepp** sind kaum zu verfehlen. Jedenfalls gibt es deren zwei, den einen kurz vor dem Zusammenfluß von Roter und Weißer Valepp, den anderen etwas weiter westlich, an der Abzweigung des Forst-weges zur Schlagalm. Beide Wirtschaftswege führen in mäßiger Steigung hinein in den **Karboden** des Schinderkares, der eine nur im Wald, der andere durch Wiesen und Wald. Im Karboden angelangt lichtet sich das Gehölz, der Blick wird frei auf das makellose Firnschild des **Schinderkares**. Über den Riesenhang geht es nun mehr oder weniger direkt hinauf in den obersten Karboden unter die markante Kerbe des Schindertores. Dort angelangt, wird man den immer mehr aufsteilenden Hang noch hinauf-gehen, soweit es eben geht, und dann das Skidepot errichten. Über eine meist hartgefrorene Rinne auf der linken Seite stapft man anschließend hinauf ins Tor und nach links zwischen Latschen und am Grat zum Gipfel. Die Abfahrt folgt mehr oder weniger der Anstiegsroute.

Nicht einmal stecknadelkopfgroß verlieren sich die beiden Skifahrer in der gleißen-den Weite des Schinderkares.

10 Roßkopf, 1580 m – Rothkopf, 1602 m – Stolzenberg, 1609 m

Skitour einmal andersrum – mit einem Gipfel als Ausgangspunkt

Roßkopf – Grünseealm – Rothkopf – Grünseealm – Haushamer Alm – Stolzenberg – Spitzingsee

Talort: Neuhaus, 801 m, südlich des Schliersees. Mit der Bahn ab München über Holzkirchen zu erreichen. Mit Bus oder Taxi zum Spitzingsee.

Ausgangspunkt: Bergstation des Schleppliftes am Roßkopf, 1580 m.

Gehzeiten: Roßkopf – Grünseealm 10 Min., Grünseealm – Rothkopf ¾ Std., Rothkopf – Haushamer Alm ½ Std., Haushamer Alm – Stolzenberg 1 Std., Stolzenberg – Spitzingsee 1 Std.; insgesamt 3 – 4 Std.

Höhenunterschied: 550 m.

Anforderungen: Kurze Steilstufen, die aber umgangen werden können. Insge-samt ideale Einsteigertour für gute Ski-fahrer.

Hangrichtung: Nord- bis ostseitig.

Lawinengefährdung: Gipfelhang am Rothkopf nach Neuschneefällen und Windverfrachtung oft gefährdet, dann direkt von der Grünseealm zur Haus-hamer Alm. Sonst weitgehend sicher.

Orientierung: Relativ einfach.

Günstige Zeit: Januar – März.

Varianten: Nordostkamm des Rothkop-fes, Überschreitung des Stolzenberges und Abfahrt aus dem Sattel zwischen Rothkopf und Stolzenberg nach Osten.

Vormittags auf der Piste, nachmittags auf Tour: Das Skigebiet am Stümpfling oberhalb des Spitzingsees macht's möglich. Denn am Gipfel des **Roßkop-fes**, nur wenige Meter von der Bergstation des Schleppliftes entfernt, starten wir zur ersten Tiefschneeabfahrt nach Osten zur **Grünseealm** hinab. Bei lawinensicheren Verhältnissen ziehen wir hier die Felle auf und nehmen als Zugabe den **Rothkopf** mit. Ansonsten geht's längs des Fahrweges gleich nach Süden hinüber zur **Haushamer Alm**. Spätestens ab hier ist Aufstieg angesagt: Zwischen den Almhütten hindurch ziehen wir unsere Spur dem Wald entgegen. Eine Lücke im Zaun vermittelt den Durchstieg bis unterhalb eines Felsriegels, den wir links umgehen. Nunmehr in der Ostflanke des **Stolzenbergs** angelangt, nähern wir uns dem schrofendurchsetzten Gipfelkamm, dessen augenscheinlich höchsten Punkt kurioserweise ein verwitterter Baumstumpf markiert.

Die Abfahrt zur **Haushamer Alm** orientiert sich an der Aufstiegsspur. Dort halten wir uns rechts, um südlich eines Bachbettes zu den freien Wiesen beim Albert-Link-Haus abzufahren. Kurzer Gegenanstieg zum **Spitzingsee**.

Winter in den Bergen: Nicht weit vom lärmenden Treiben um den Spitzingsee liegt das Idyll der Haushamer Alm.

11 Brecherspitz, 1683 m

Kleines Abenteuer über dem Spitzingsee

Spitzingsattel – Obere Firstalm – Freudenreichsattel – Brecherspitz

Talort: Neuhaus, 801 m, südlich des Schliersees. Mit der Bahn ab München über Holzkirchen zu erreichen. Mit Bus oder Taxi zum Spitzingsattel.
Ausgangspunkt: Spitzingsattel, 1127 m.
Gehzeiten: Spitzingsattel – Obere Firstalm ¾ Std., Obere Firstalm – Freudenreichsattel ¼ Std., Freudenreichsattel – Brecherspitz 1 Std.; insgesamt 2 Std.
Höhenunterschied: 570 m.
Anforderungen: Bis zur Firstalm Forstweg, danach ein steiler Hang. Gipfelgrat mit kniffligen, drahtseilgesicherten Stellen. Trittsicherheit erforderlich.
Hangrichtung: West- bis südseitig.
Lawinengefährdung: Selten gefährdet.

Orientierung: Problemlos.
Günstige Zeit: Januar – März.
Varianten: Abfahrt durch das Brecherspitzkar nach Neuhaus: nordseitig, im oberen Teil sehr steil und nur bei lawinensicheren Verhältnissen anzuraten. Westseitige Abfahrt zur Freudenreichalm und Wiederanstieg in den Freudenreichsattel (+ 20 Min.). Die Obere Firstalm kann auch vom Stümpfling in einer Abfahrt über die Pisten zur Unteren Firstalm erreicht werden (kurzer Gegenanstieg). Statt auf dem Forstweg von der Oberen Firstalm zum Spitzingsattel abzufahren, kann man auf den Pisten südlich des Firstgrabens zum Ausgangspunkt zurückkehren.

Zweifellos, der Brecherspitz ist der markanteste unter den Schlierseer Hausbergen, gleich einer ebenmäßigen Pyramide ragt er über dem südlichen Seeufer empor. Seine beiden Nordgrate umrahmen das herrliche Brecherspitzkar – übrigens eine schöne Skitour von Neuhaus, deren steile Hänge allerdings nur bei sichersten Verhältnissen zu verantworten sind.

Zeit zur inneren Einkehr – die Kapelle auf dem Brecherspitz.

Wir dagegen wählen für den Aufstieg die sonnigere Südseite und steigen am **Spitzingsattel** in die Bindung. Der Weg zum Gasthaus **Obere Firstalm** ist unmöglich zu verfehlen, denn die breite Forststraße zweigt unmittelbar am Sattel ab und weist keinerlei Verzweigungen auf. Am Wirtshaus angelangt halten wir uns nach Norden zum Freudenreichsattel und biegen dort nach Osten ein, um über den steilen Hang längs eines Skiliftes auf das Westeck des Brecherspitz hinaufzusteigen. Dort lassen wir die Ski zurück und stapfen über den eleganten Westgrat hinüber auf den **Brecherspitz**. Obwohl der Grat eine Panoramaschau im 360-Grad-Winkel bietet, tut man gut daran, die Augen konzentriert auf jeden Schritt zu lenken, denn Trittsicherheit ist gefragt hier oben. Am Gipfel angelangt liegt uns dann das bunte Treiben des gesamten Spitzinger Skizirkus zu Füßen. Nach der Rückkehr zum Skidepot und einer zünftigen Einkehr an der Firstalm kann sowohl über den Forstweg als auch über die Pisten südlich des Firstgrabens abgefahren werden.

12 Bodenschneid, 1669 m

Bei flaumigem Pulverschnee der Schlierseer Ski-Leckerbissen

Neuhaus – Bodenschneidhaus – Bodenschneid

Talort: Neuhaus, 801 m, südlich des Schliersees. Mit der Bahn ab München über Holzkirchen zu erreichen.
Ausgangspunkt: Ausmündung des Dürnbachtales am südwestlichen Ortsrand von Neuhaus. Parkmöglichkeit am Bahnhof Fischhausen-Neuhaus.
Gehzeiten: Neuhaus – Bodenschneidhaus 1¾ Std., Bodenschneidhaus – Bodenschneid 1 Std.; insgesamt 2½ – 3 Std.
Höhenunterschied: 870 m.
Anforderungen: Nicht mehr ganz einfache Voralpentour: Die steilen Hänge un-

terhalb des Gipfels verlangen eine saubere Aufstiegstechnik.
Hangrichtung: Nord- bis nordostseitig.
Lawinengefährdung: Oberhalb des Bodenschneidhauses nicht sicher, sondern nach starken Neuschneefällen, insbesondere mit Windverfrachtung, schneebrettgefährdet.
Orientierung: Durch den Dürnbachgraben problemlos. Oberhalb des Bodenschneidhauses nur bei sehr schlechter Sicht schwierig.
Günstige Zeit: Januar – März.

Schon in den längst vergriffenen Skiführern aus den sechziger Jahren wird die Bodenschneid zusammen mit den Touren um den Spitzing als lohnenswerte und beliebte Unternehmung gelobt. Daran hat sich bis heute nichts geändert, wenngleich die Anforderungen an eine moderne Skitour mittlerweile ganz andere sind als noch zu unserer Väter Zeiten. Während ehedem landschaftlich reizvolle Touren mit eher flachen und langen Abfahrten Gefallen fanden, werden heute rassige Firn- und Pulverstrecken möglichst ohne Flachstücke geschätzt – getreu dem zweifelhaften Motto »no risk, no fun« ... Die Bodenschneid schließlich bietet beides, eine ursprünglich gebliebene landschaftliche Umrahmung, aus der die Pisten-Skifahrer bis heute ausgesperrt bleiben, und ein zügiges Abfahrtsvergnügen über zumindest im oberen Teil rasante Steilhänge.

Vom Bahnhof Fischhausen-**Neuhaus** spaziert man, die Brettl geschultert, auf der Bodenschneidstraße durch das Dorf nach Westen bis an die Ausmündung des Dürnbachgrabens. Hier kommen je nach Lust und Laune die Felle zum Einsatz, ehe wir, an einer Schreinerei vorbei, auf einem Forstweg nördlich oberhalb des Baches in den engen und scharf eingeschnittenen Graben hinein marschieren. Die Ski können natürlich auch hier noch ein Stückchen getragen werden. Ohne Orientierungsprobleme geht es, nicht gerade flach, aber noch in angenehmer Steigung, nach Südwesten durch den dichten Wald hinauf bis zu einer breiten Forststraße, die von Norden aus Schliersee herüberkommt. Bei hoher Schneelage können wir geradewegs über diese hinweg einen nunmehr weniger ausgeprägten Weg benutzen. Ist es mit der weißen Pracht nicht ganz so üppig bestellt, halten wir uns auf der Forststraße lieber nach rechts hinüber in einen Sattel, um jenseits kurz hinab und links abzweigend auf einen Höhenrücken aufzusteigen. Hier verlassen wir die Forststraße nach rechts auf einen schmäleren Almweg und folgen in exakt südlicher Richtung dem Höhenrücken. Auf 1180 Metern Höhe mündet von links her der bei hoher Schneelage benutzbare Steig ein. Gemeinsam umrundet man nun den steilen und zumindest hier noch bewaldeten Rainerkopf und trifft an der gleichnamigen Alm auf die ersten freien Wiesen. In leicht südwestlicher Richtung ziehen wir die Spur durch ein Tälchen zwischen dem Eckspitz links und dem Wasserspitz rechts, um alsbald das auf einem welligen Rücken gelegene **Bodenschneidhaus** zu erreichen.

In einem kleinen Bogen nach Süden und Osten gehen wir den flachen Boden unter dem Rinnerspitz aus und steigen an einem markanten Felsblock zwischen einigen Bäumen und Sträuchern ein in den sich steil aufbäumenden Nordhang der Bodenschneid. Der wenig ausgeprägte Rükken knapp westlich des Gipfel vermittelt den sichersten Durchstieg. In kurzen Serpentinen gelangen wir so hinauf in die Einschartung zwischen Rinnerspitz

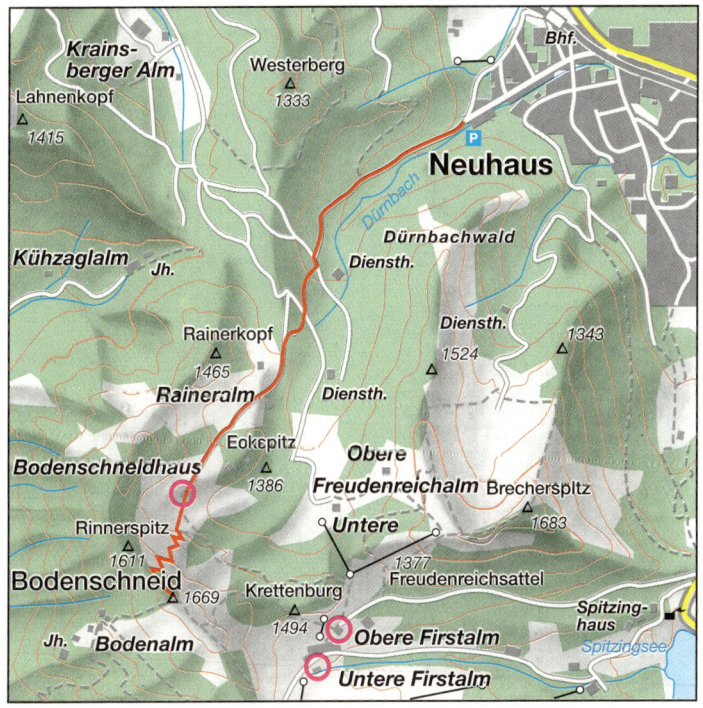

Oberhalb des Bodenschneidhauses steilen die Hänge zum Gipfel hin merklich auf.

Zum Gipfel ist es nicht mehr weit – durch traumhaften Pulverschnee spuren wir im obersten Hang der Bodenschneid.

und **Bodenschneid**. Hier lassen wir die Ski zurück und kraxeln zwischen Latschen und Schrofen längs des Sommerweges zum Gipfel.

Die Abfahrt folgt im allgemeinen der Aufstiegsspur. Bei allerbesten Verhältnissen ist es übrigens auch möglich, die Bodenschneid nach Südosten hin zu überschreiten und nur wenige Meter unterhalb des Gipfels nach links in den überaus steilen und daher nur ganz selten empfehlenswerten Nordosthang einzufahren. Auch die Überschreitung des Berges aus dem Liftgebiet am Stümpfling nach Nordwesten wird öfters unternommen. Man fährt dann auf dem hier vorgestellten Anstiegsweg nach Neuhaus ab – sinnvollerweise allerdings nur, wenn man mit öffentlichen Verkehrsmitteln zum Spitzing kam.

13 Risserkogel, 1826 m

»Vegetationsreicher« Firn-Klassiker südlich über dem Tegernsee

Wildbad Kreuth – Scheuerer Alm – Ableitenalm – Risserkogel

Talort: Kreuth, 782 m, an der Bundesstraße 307 Tegernsee – Achenpaß.

Ausgangspunkt: Wildbad Kreuth, 793 m. Gut 2 km südlich von Kreuth an der Bundesstraße 307 Tegernsee – Achenpaß gelegen. Geräumiger Parkplatz an der Weißach.

Gehzeiten: Wildbad Kreuth – Scheuerer Alm ¾ Std., Scheuerer Alm – Ableitenalm 1¼ Std., Ableitenalm – Risserkogel 1¼ Std.; insgesamt 3 – 3½ Std.

Höhenunterschied: 1040 m.

Anforderungen: Aufgrund der ordentlichen Höhendifferenz recht anstrengend. Die steilen Hänge verlangen eine saubere Spitzkehrentechnik. Schmaler Kammverlauf zwischen Grubereck und Risserkogel mit kurzen Tragestrecken.

Hangrichtung: Süd- bis südwestseitig.

Lawinengefährdung: Die durchwegs steilen Hänge sind nach Neuschneefällen meist recht labil. Dennoch weist die Tour aufgrund ihrer Hangausrichtung auch nach Schlechtwetter bald wieder sicherere Verhältnisse auf – im Hochwinter allerdings oft mit schlechtem Schnee. Daher erst bei Firn ratsam.

Orientierung: Häufig gespurt, daher einfach. Bei fehlenden Spuren im bewaldeten Gelände unübersichtlich. Bei Nebel ist die Tour Gebietsunkundigen abzuraten, da am schmalen Verbindungskamm zwischen Grubereck und Risserkogel steile Flanken mit Felsabbrüchen und eventuell Wächten Gefahren bergen.

Günstige Zeit: Februar – März.

Alle Jahre wieder, einige Wochen nachdem die CSU-Oberen ihre traditionelle Klausurtagung in Wildbad Kreuth abgehalten haben, zieht es auch die Tourenskifahrer in diesen hübschen Winkel südlich des Tegernsees. Meistens im Februar oder anfangs März – dann nämlich ist es Zeit für den Risserkogel: Früher im Jahr trifft man meist auf einen grausig verharschten »Deckel«, später apern die unteren Hänge rasch aus. Überhaupt kommt die auf weiten Strecken waldreiche Tour allein schon aus ökologischen Gründen nur bei hoher Schneelage in Frage.

Aussicht nach allen Seiten: Am teilweise schmalen Verbindungskamm zwischen Grubereck und Risserkogel sind kurze Tragestrecken nicht ausgeschlossen.

An der Weißach-Brücke in **Wildbad Kreuth** wandern wir auf einer Forststraße nach Osten talein zur Schwaigeralm und noch etwa eine Viertelstunde weiter, bis an einer Wildfütterung links ein Ziehweg abzweigt. Nach etwa 150 Metern halten wir uns noch einmal links, um hinter der Ausmündung eines Bachbettes, in etwa dem schmalen Sommerweglein folgend, über den breiten, bewaldeten Rücken zur **Scheuerer Alm** hinaufzusteigen. Am linken oberen Ende der Almfläche geht es noch einmal hinein ins Gehölz und mit reichlichem Hin und Her hinauf zu den allmählich immer freier werdenden Wiesen der **Ableitenalm**. Über die steilen Südhänge schlängelt sich die Spur nun hinauf zum Verbindungskamm zwischen Grubereck und Risserkogel. Wen's zu Gipfel und Aussicht zieht, der mag am schmalen Kamm nach Osten hinüberwandern – stellenweise die Ski auch mal tragend – bis auf den **Risserkogel**. Abfahrtsgenießer hingegen werden ihren »höchsten« Punkt per definitionem ein wenig vorverlagern, die Brotzeitbüchse öffnen und sich auf die Abfahrt entlang des Anstiegsweges vorbereiten.

14 Schildenstein, 1613 m

Traditionelle Pulver-Tour für den Hochwinter

Winterstube – Königsalm – Schildenstein

Talort: Kreuth, 782 m, an der Bundesstraße 307 Tegernsee – Achenpaß.

Ausgangspunkt: Parkplatz Winterstube, 830 m, an der Bundesstraße 307 Tegernsee – Achenpaß.

Gehzeiten: Winterstube – Königsalm 1 Std., Königsalm – Schildenstein 1½ Std.; insgesamt 2½ Std.

Höhenunterschied: 810 m.

Anforderungen: Nicht mehr ganz einfache Voralpentour mit relativ viel Wald; am nordseitigen Rücken des »Schanzl« etwas engräumig und steil. Gipfelanstieg zu Fuß. Traumhang über der Königsalm.

Hangrichtung: Nord- bis nordwestseitig.

Lawinengefährdung: Durch den hohen Waldanteil nur bei wirklich starken Neuschneefällen gefährdet.

Orientierung: Sehr häufig gespurt, auch bei schlechter Sicht und fehlenden Spuren recht übersichtlich.

Günstige Zeit: Dezember – Februar.

Variante: Aus dem Sattel unterhalb des Schildensteins kann man über eine Kuppe und durch ein Schärtchen auch auf das weiter westlich gelegene Platteneck hinüberwandern (¼ Std.).

So ganz der ideale Skiberg ist der Schildenstein, jener unscheinbare westliche Ausläufer der Blauberge, sicher nicht – zu lang sind die Waldstrecken, zu wenige freie Hänge versprechen wirklich hindernislosen Wedelspaß. Und dennoch wird die Tour besonders im Hochwinter bei ausreichender Pulverschneedecke regelmäßig begangen, was wohl an den hübschen, ideal geneigten Almwiesen oberhalb der Königsalm liegen mag. Denn die lohnen den Aufstieg allemal, und wem das nicht ausreicht, der kann ja an den Almhütten sein »Basislager« einrichten und in mehrmaligem Auf und Ab »Zöpferl flechten«.

Als Ausgangspunkt dient der südlich der Bundesstraße gelegene Parkplatz **Winterstube** gleich neben der Weißach. Hier überquert ein Forstweg den Bach und schlängelt sich in drei Serpentinen auf einen Waldrücken empor. Stets dem Forstweg folgend, trifft man unterhalb des Klammberges auf die ersten freien Wiesen. In leichtem Auf und Ab geht's nun in ziemlich genau südlicher Richtung hinein zur **Königsalm**, die man zuletzt mit einem kurzen Abstieg erreicht. Jenseits des Klammbaches wartet der Paradehang des Schildensteins, eine freie Almwiese, über die man geradewegs oder nach links ausholend auf einen Rücken aufsteigt. Dem Kamm entlang nach Süden in den Wald und längs des Sommerweges, manchmal nach Westen ausweichend, hinauf in den licht bewaldeten Sattel westlich unter dem **Schildenstein**. Schon lange den Gipfel im Visier, quert man noch kurz nach Osten und stapft von Südwesten zum höchsten Punkt. Gipfelsammler werden es nicht versäumen, auch noch das weiter westlich gelegene Platteneck anzuhängen und erst nach der Rückkehr in den Sattel zur Abfahrt am Anstiegswege zu rüsten.

Der Gipfelaufbau des Schildensteins vom »Schanzl« aus: Wegen der zahlreichen Latschen und Waldstücke ist eine hohe Schneelage von Vorteil.

15 Fockenstein, 1564 m

Winter-Wirtshaus-Wanderung mit Pfiff

Sonnenbichl – Aueralm – Neuhüttenalm – Fockenstein

Talort: Bad Wiessee, 742 m, am Westufer des Tegernsees. Busverbindung nach Gmund, von dort gute Bahnbindung nach Holzkirchen und München.

Ausgangspunkt: Wirtshaus und Mini-Ski-gebiet Sonnenbichl, 820 m. Kurz vor dem südlichen Ortsende von Bad Wiessee zweigt in einer 90-Grad-Kurve nach Westen ein Sträßchen dorthin ab.

Gehzeiten: Ghf. Sonnenbichl – Aueralm 1½ Std., Aueralm – Neuhüttenalm 20 Min., Neuhüttenalm – Fockenstein ¾ Std.; insgesamt gut 2½ Std.

Höhenunterschied: 820 m.

Anforderungen: Ganz leichte Hochwintertour.

Hangrichtung: Süd- bis ostseitig.

Lawinengefährdung: Bis zur Aueralm absolut sicher. Erst kurz vor und hinter der Neuhüttenalm befinden sich rechts oben steilere Hänge, die nach starken Neuschneefällen mit Windverfrachtung lawinös sein können.

Orientierung: Bis zur Aueralm bestens markiert, auch danach problemlos.

Günstige Zeit: Dezember – Februar.

Variante: Osthang des Neuhütteneck südlich der Standardabfahrt.

Jeden Winter kommt er einmal ganz bestimmt, der absolute Dauer-Schneefall, währenddessen die Bulletins der Lawinenwarndienste innerhalb von wenigen Tagen in den roten Bereich steigen. Nichts geht mehr mit Skitouren: »Vor Abfahrten abseits gesicherter Pisten wird gewarnt!«. Dann ist guter Rat

teuer – ein Spaziergang im Tierpark, eine Schlittenfahrt am Olympiaberg oder vielleicht doch ins Gebirge? Die Auswahl sicherer Ziele jedenfalls bleibt mehr als begrenzt. Als Berg für alle Fälle bietet sich unter solcherlei Voraussetzungen der Fockenstein zwischen Bad Wiessee und Lenggries an. Am Gasthaus **Sonnenbichl** in Bad Wiessee kommen die Ski vom Autodach, ohne jedoch gleich mit den Fellen bespannt und beklebt zu werden. Ein kurzer Schlepplift erspart uns nämlich – für den sagenhaften Preis von einer Mark pro Person und Fahrt – eine Viertelstunde Aufstieg. An der Bergstation der ersten Sektion angelangt, halten wir uns, nunmehr mit Fellen »bewaffnet«, nach links zur Bergstation des zweiten Liftes. Dort führt eine Schneewalzenspur in grob westlicher Richtung in den Wald hinein. In leichtem Auf und Ab wandern wir südlich am wahrhaft unscheinbaren Hügel des Zwergelberges vorbei und über das Waxelmooseck hinweg. Nach etwa 45 Minuten betreten wir an einem Wegweiser des Maximiliansweges die ersten freien Flächen der Waxelmoosalm. In weiter Ferne sind bereits die Aueralm und der Fockenstein auszumachen. Spätestens hier wird klar, daß diese Tour mit rauschenden Abfahrtsfreuden allem Anschein nach wenig gemein hat, vielmehr mit einer beschaulichen Winterwanderung abseits des lärmenden Wintertourismus. Eine kurze »Zwischenabfahrt« (Abfellen lohnt nicht) bringt uns zu einem Jagdhüttchen, jenseits dessen wir unsere Spur wieder ansteigend in den Wald hinein ziehen.

Erst kurz vor der **Aueralm** gelangen wir wieder auf freie Wiesen und

genießen die freie Sicht mit zauberhaften Ausblicken zu Roß- und Buchstein, Auerkamp, Seekarkreuz und Hirschberg. Nun ist die Verführung groß, im gemütlichen Almgasthaus (Montag Ruhetag) Einkehr zu halten. Doch wir wollen ja noch weiter zum Fockenstein und so marschieren wir zum Ende des gewalzten Weges kurz hinter der Alm. Dort halten wir uns auf einem Forstweg südlich um den bewaldeten Ostkamm des Fockensteins herum und wandern hinein in den idyllischen Kessel der **Neuhüttenalmen**, vorbei an der hübschen Gedenkkapelle der »Caserer«, des ehrenwerten »Clubs Alpiner Skiläufer« aus München. Das schmale Bauwerk lädt ein zu einer kurzen Rast, um innezuhalten und zu staunen, wie sehr doch schlichter

Baustil und Natur zu einem Gesamtkunstwerk verschmelzen können. Nun ist der Gipfel nah. Nur noch kurz geht es nach Westen in den weiten Sattel zwischen Neuhütteneck und Fockenstein, aus dem wir über den Südrücken hinaufsteigen auf den Vorgipfel des **Fockensteins**. Der Weiterweg zum Hauptgipfel beschert gerade nach Schlechtwetter einen traumhaften Gang durch frisch verschneiten Winterwald – fehlt nur doch ein Gnom, der leise huschend hinter dem einen oder anderen Bäumchen hervorlugt.

Die Abfahrt vollzieht sich im allgemeinen entlang der Aufstiegsroute, wobei man für den Rückweg zum Sonnenbichl wegen der mehrmaligen kurzen Gegenanstiege und einiger Schiebestrecken schon eine gute Stunde veran-

Was aus einer Winterwanderung alles werden kann: An der Neuhüttenalm zeigt der Fockenstein plötzlich kurze Pulverhänge vom Feinsten.

Im Einklang mit der Natur – die Gedenkkapelle der »Caserer«.

schlagen muß. Für diejenigen, die gerne noch ein wenig mehr an staubendem Pulververgnügen mitnehmen möchten, empfiehlt sich der kurze Gegenanstieg aus dem Sattel unterhalb des Gipfels hinüber auf das Neuhütteneck. Dieses wartet mit einem breiten, etwa 100 Meter hohen Osthang auf, den man in mehrmaligem Auf und Ab bis zur Erschöpfung umgraben kann. Nach starken Neuschneefällen ist dort allerdings ein klein wenig Vorsicht angesagt, denn die Einfahrt wird oftmals durch eine kleine Wächte erschwert, unter der manchmal kleinräumige Schneebretter lauern.

16 Hirschberg, 1670 m

Der Münchner Hausberg – leicht, meist gefahrlos ... und überlaufen

Bergstation Hirschberglift – Rauheckalm – Hirschberg

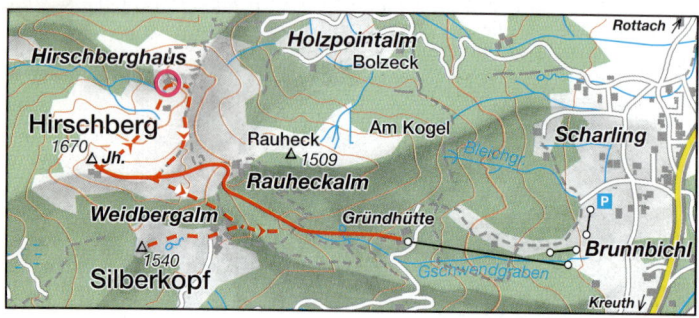

Talort: Scharling/Point, 770 m, etwa 7 km südlich des Tegernsees an der B 307 zum Achenpaß gelegen.

Ausgangspunkt: Bergstation des Hirschbergliftes, 1180 m.

Gehzeiten: Bergstation Hirschberglift – Rauheckalm ¾ – 1 Std., Rauheckalm – Hirschberg ¾ Std.; insgesamt gut 1½ Std.

Höhenunterschied: 490 m.

Anforderungen: Skitechnisch einfache und kurze Skitour. Ideal für Einsteiger.

Hangrichtung: Ostseitig.

Lawinengefährdung: Meist sicher. Nur bei großer oder extremer Lawinengefahr ist mit eingewehten Schneebrettern im Osthang zu rechnen.

Orientierung: Regelmäßig gespurt – oft sogar bei Schlechtwetter – und daher problemlos.

Günstige Zeit: Dezember – Februar.

Varianten: Vom Vorgipfel nach Norden hinab zum Hirschberghaus (bewirtschaftet). Oder entlang des Südostkammes steil hinunter in einen Almboden (im Bild linker Kamm). Sodann nach rechts über die Weidbergalm auf den Silberkopf (+ ½ Std.), der neben dem Hirschberg stiefmütterlich vernachlässigt wird.

Dem Hirschberg am Wochenende aufs weiße Haupt zu steigen, das muß für viele Tourengeher ein beständig wiederkehrendes Verlangen sein. Anders ist der massenhafte Andrang selbst bei zweifelhaftem Wetter nicht erklärbar. Wie dem auch sei, der Anstieg ist leicht und kurz – durch den Hirschberglift bekommt man knapp die Hälfte der Höhenmeter (fast) geschenkt. Eine ideale Tour also, um Einsteiger an das neue Metier zu gewöhnen. Das aber tut man am besten unter der Woche, damit sie keinen falschen Eindruck von der einsamen winterlichen Bergwelt bekommen, – und/oder nach etwas Neuschnee, wenn die sonst arg zerfurchten Hänge zumindest für kurze Zeit in makelloses Weiß gehüllt sind.

Von der **Bergstation des Hirschbergliftes** wandern wir nach Westen hinein in das Tälchen mit der Gründhütte, und zwar so weit, bis der Talschluß mit einem felsdurchsetzten Steilhang abgeriegelt wird. Dort geht es nach rechts durch lichten Wald ein wenig steiler hinauf zur **Rauheckalm** an dem vom Hirschberg nach Osten abstreichenden Kamm. Ganz nach Lust und Laune steigen wir über den freien Rücken oder etwas weiter rechts im Osthang hinauf zum Vorgipfel und bummeln mit leichtem Auf und Ab hinüber zum **Hirschberg**-Hauptgipfel. Wer hier oben gerne alleine sein möchte, dem bleibt nur der frühmorgendliche Aufbruch in Point, lange vor den Betriebszeiten des Liftes (900 Höhenmeter, 3 Std.). Die Abfahrt erfolgt am Anstiegsweg.

Der Hirschberg in morgendlicher Stille – doch schon bald werden die Tourengeher in Scharen anrücken, um die ohnehin zerspurten Hänge vollends umzugraben.

17 Hochplatte, 1592 m

Natur-Slalom im lichten Hochwald

Winterstube – Buchsteinhaus – Roßsteinalm – Hochplatte

Talort: Kreuth, 782 m, an der Bundesstraße 307 Tegernsee – Achenpaß.

Ausgangspunkt: Parkplatz Winterstube, 830 m, an der Bundesstraße 307 Tegernsee – Achenpaß.

Gehzeiten: Winterstube – Buchsteinhaus 1½ Std., Buchsteinhaus – Roßsteinalm 40 Min., Roßsteinalm – Hochplatte 20 Min.; insgesamt 2½ Std.

Höhenunterschied: 800 m.

Anforderungen: Waldreiche Voralpentour mit freiem Hang unterhalb der Roßsteinalm.

Hangrichtung: Ost- bis nordostseitig.

Lawinengefährdung: Bis zum Buchsteinhaus absolut sicher (lichter Wald, Forstweg). Die steilen Hänge im Gipfelbereich verlangen absolut sichere Verhältnisse, sie sind insbesondere nach starken Neuschneefällen und Windverfrachtung häufig schneebrettgefährdet.

Orientierung: Bis zum Buchsteinhaus einfach. Danach folgt noch ein schmaler, etwas unübersichtlicher Waldgürtel. Oberhalb wieder problemlos. Nicht regelmäßig gespurt.

Günstige Zeit: Dezember – Februar.

Varianten: Abfahrt über das Mühlriedeck nach Nordosten (siehe Tour 18). Sicherer, aber steiler und anspruchsvoller als der Anstieg über die Roßsteinalm ist der vom Vorgipfel der Hochplatte nach Nordosten abstreichende Rücken. Noch etwas weiter nördlich bietet der zwischen Vor- und Hauptgipfel eingelagerte, steile Nordosthang eine tolle Abfahrt – nur bei sicheren Verhältnissen! Aus dem Talboden unterhalb dieses Hanges ist als Zugabe ein Anstieg aufs Mühlriedeck möglich. Abfahrt am Kamm kurz nach Osten, dann über die steilen Südosthänge zum Buchsteinhaus (hohe Schneelage notwendig).

Ganz nach Belieben spaziert man, wie bei Tour 18, von der **Winterstube** talein zu den freien Wiesen der Schwarzentennalm. Dort angelangt, geht's sogleich links über den Bach und auf extrabreiter Forststraße in drei Kehren durch den lichten Bergwald empor. Auf einem Höhenrücken zweigt nach rechts ein schmäleres Sträßchen ab, das abermals in einigen Kehren, dann mit zauberhaften Ausblicken zu Roß- und Buchstein ins kreisförmige »Hüttendorf« um das **Buchsteinhaus** leitet. Dort mogelt man sich durch ein kurzes Waldstück nach Südwesten in ein Tälchen, das den weiteren Aufstieg unterhalb des Sommerwegs nach Westen vorgibt. Der abschließende Steilhang zum Verbindungskamm zwischen Roßtein und Hochplatte ist nicht von schlechten Eltern – und stets mit einer guten Portion Vorsicht zu genießen. Jenseits des Rückens liegt nun die **Roßsteinalm**, aus der man ziemlich problemlos nach Norden und Nordwesten zur **Hochplatte** gelangt. Die Abfahrt folgt dem Anstiegsweg, wobei die Kehren der breiten Forststraße bei entsprechend hoher Schneelage im Hochwald abgekürzt werden.

Die Hochplatte vom Mühlriedeck: Links des Hauptgipfels, im Schatten, liegt die herrliche Abfahrtsvariante über den steilen Nordosthang.

18 Seekarkreuz, 1601 m – Schönberg, 1620 m

Saisonauftakt in den Vorbergen oder tagesfüllende Rundtour

Winterstube – Schwarzentennalm – Rauhalm – Seekarkreuz (– Rauhalm – Schönberg – Amperthalalm – Schwarzentennalm)

Talort: Kreuth, 782 m, an der Bundesstraße 307 Tegernsee – Achenpaß.

Ausgangspunkt: Parkplatz Winterstube, 830 m, an der Bundesstraße 307 Tegernsee – Achenpaß.

Gehzeiten: Winterstube – Schwarzentennalm 1 Std., Schwarzentennalm – Rauhalm 1¼ Std., Rauhalm – Seekarkreuz ¾ Std., (Rauhalm – Schönberg 1 Std.); insgesamt 3 – 4 Std.

Höhenunterschied: 780 m zum Seekarkreuz, mit Schönberg 1080 m.

Anforderungen: Das Seekarkreuz stellt skitechnisch nur geringe Anforderungen (Forstwege und relativ flache Hänge). Die Draufgabe zum Schönberg hingegen verlangt in zwei Steilhängen saubere Aufstiegstechnik.

Hangrichtung: Nord- bis ostseitig.

Lawinengefährdung: Eine entsprechende Spuranlage vorausgesetzt, ist der Weg zur Rauhalm nur bei extremen Bedingungen lawinengefährdet. Die darüberliegenden Gipfelhänge sind nach starken Neuschneefällen und Windverfrachtung mit Vorsicht zu genießen.

Orientierung: Zum Seekarkreuz meist, zum Schönberg selten gespurt. Bei fehlenden Spuren ist es im unübersichtlichen Waldgelände nicht ganz leicht, die richtige Abzweigung zu finden.

Günstige Zeit: Dezember – Februar.

Varianten: Aufstieg von der Amperthalalm auf die Hochplatte – Abfahrtsmöglichkeiten nach Nordosten über das Mühlriedeck oder nach Osten über das Buchsteinhaus ins Schwarzenbachtal (in beiden Fällen absolut sichere Verhältnisse nötig).

Stellen Sie sich vor, es ist Weihnachten und Sie sind auf der Suche nach einer geeigneten Einlauftour für den neuen Skiwinter. Oder aber Sie haben die ersten Pulvertouren bereits hinter sich und wollen eine großzügige Tagestour in den Voralpen unternehmen. An den Bergen um die Rauhalm, im Norden von Roß- und Buchstein, finden sie beides: ideales Terrain für die ersten Schritte in die neue Saison und Erweiterungsmöglichkeiten, die für eine ausgewachsene Tagestour genügen. Den Auftakt macht die beschauliche Skiwanderung zum Seekarkreuz. Wer nach der Abfahrt zur Rauhalm noch genügend Kondition mitbringt, setzt mit dem Schönberg noch eins drauf – denn der trägt seinen Namen zu Recht. Und die ganz »Unentwegten« überschreiten zu guter Letzt noch die Hochplatte. Trotz all dieser Vorzüge werden die kleinen Berge zwischen Lenggries und Kreuth verhältnismäßig selten besucht, denkt man an die sonntäglichen Auftriebe an Hirschberg oder Rotwand.

Von der **Winterstube** – nomen est omen – wandert man längs des Schwarzenbaches mit wenig Höhengewinn talein zur **Schwarzentennalm**. Zur Auswahl für diese Etappe stehen die rechtsseitige Forststraße oder ein schmales Weglein durch lichten Wald links des Baches, das erst auf den freien Wiesen vor der Alm auf den Forstweg mündet. Gleich nach der Alm verläßt man die Straße an einer Jagdhütte vorbei nach Westen und quert im lichten Wald zu einer weiteren Forststraße. Der zunächst noch recht steile Forstweg in den Gurnbachgraben hinein fordert manchen Schweißtropfen.

An einer ersten Lichtung wird der Blick nach links hinauf frei zum Nordhang des Mühlriedecks. Bei der nächsten kleineren Lichtung verläßt man dann den Weg an einem Gatter nach rechts und bummelt in gemütlichem Auf und Ab durch den Wald zu den ersten freien Flächen. Vorbei an einem letzten Waldstück ist schon bald die **Rauhalm** erreicht, ein Brotzeitplatz, wie er schöner nicht sein könnte.

Frisch gestärkt zieht man nun nach Nordwesten hinauf in die Einschartung zwischen dem Brandkopf (rechts) und dem **Seekarkreuz** (links), um über dessen runden Nordostkamm zum Gipfel zu gelangen. Bei entsprechend sicheren Verhältnissen wird nun nicht am Kamm abgefahren, sondern über den wunderbaren Osthang direkt die **Rauhalm** angesteuert. Ist der Tag noch nicht zu weit fortgeschritten, zieht man noch einmal die Felle auf und stapft nach Südwesten dem Verbindungskamm Seekarkreuz – Schönberg entgegen. Nach einem Steilhang ist die Kammhöhe erreicht, der man nach Süden über das Mariaeck in eine wenig ausgeprägte Scharte folgt. Dort hält man sich leicht rechts, überwindet einen ersten Steilhang hinauf zu zwei Felszapfen, zwischen denen hindurch man den ebenfalls steilen Gipfelhang erreicht.

Das Seekarkreuz bietet Idealhänge, so makellos, daß man sich eigentlich fragen muß, warum hier nicht schon längst ein Skilift steht.

Wohlverdiente Rast an der Rauhalm, im Hintergrund das Seekarkreuz.

Um der Tour das Sahnehäubchen aufzusetzen, schwingt man – allerdings nur bei lawinensicheren Verhältnissen – den wunderschönen Osthang des **Schönbergs** hinab zur **Amperthalalm**. Von hier kehrt man mit kurzen Gegenanstiegen und einer Abfahrt durch lichten Wald zurück in den Gurnbachgraben und zur **Schwarzentennalm**. Wer auch an der Amperthalalm noch nicht genug hat, der mag auf einer Forststraße und über den freien Westkamm auf die Hochplatte steigen und über das Mühlriedeck oder das Buchsteinhaus ins Schwarzenbachtal abfahren (siehe Tour 17).

19 Zwiesel, 1348 m

Weißer Schneegupf zwischen den waldreichen Tölzer Vorbergen

Waldherralm – Moaralm – Gassenhoferalm – Zwiesel

Talort: Bad Tölz, 657 m. Günstige Bahnverbindung mit München über Holzkirchen.
Ausgangspunkt: Parkplatz unter dem Gasthaus Waldherralm, 740 m; südlich von Bad Tölz und westlich der Isar an der Ausmündung des Steinbaches ins Isartal gelegen. Von Bad Tölz mit Pkw oder Taxi über Wackersberg zu erreichen.
Gehzeiten: Ghs. Waldherralm – Moaralm ¾ Std., Moaralm – Gassenhoferalm ¾ Std.,

Gassenhoferalm – Zwiesel ½ Std.; insgesamt 2 Std.
Höhenunterschied: 640 m.
Anforderungen: Sicherlich die leichteste Tour dieses Führers; nur Forststraßen und sanft geneigte Almwiesen.
Hangrichtung: Süd- bis ostseitig.
Lawinengefährdung: Nur bei extremen Verhältnissen am Gipfelhang denkbar.
Orientierung: Problemlos.
Günstige Zeit: Januar – Februar.

Fährt man von Bad Tölz nach Lenggries, dann sticht bei einem Blick nach rechts zwischen den bewaldeten Buckeln der nördlichen Benediktenwandgruppe der Zwiesel als kleiner weißer Gugelhupf ins Auge. Wegen seiner geringen Gipfelhöhe von ambitionierten Skitourengehern mitleidig belächelt, bietet der Zwiesel den Neulingen der Zunft ideales Gelände, um sich mit Gerät und Tiefschnee vertraut zu machen.
An dem von Langläufern reichlich frequentierten Parkplatz unterhalb der **Waldherralm** folgen wir dem Forststräßchen nach Südwesten und halten uns bei einer Verzweigung linksseits, über den Steinbach hinweg. Nach etwa einem Kilometer gabelt sich die Straße erneut. Mit leichtem Höhenverlust überqueren wir hier nach rechts hinab erneut einen Bach, um jenseits zwischen den wunderbar lichten Almwiesen – bereits mit Blick auf den Zwiesel – zur **Moaralm** aufzusteigen. Hinter der Alm geht's noch kurz nach Nordwesten in den Wald, wo sich die Almstraße zu einem Hohlweg verengt und mit einem weit ausholenden Bogen nach Süden einen ausgeprägten

Höhenrücken erreicht. Noch kurz auf dem Kamm nach Westen aufwärts, und schon stehen wir auf den freien Wiesen der **Gassenhoferalm**. Über einen Vorgipfel hinweg gelangen wir leicht absteigend an den südseitigen Gipfelhang des **Zwiesel**, über den wir mit einigen Kehren den höchsten Punkt ansteuern. Die Abfahrt folgt der Aufstiegsroute; im Bereich der Moaralm sausen wir allerdings nicht auf der Almstraße hinab, sondern kurven über die herrlichen Wiesen hinunter zum Bach.

Frisch gefallener Neuschnee verzaubert die Landschaft um die Gassenhoferalm zum winterlichen Idyll; im Hintergrund der runde Buckel des Zwiesel.

20 Hoher Fricken, 1940 m

Firn-Spritztour hoch über Loisach und Walchensee

Bergstation Wankbahn – Esterbergalm – Hoher Fricken

Talort: Garmisch-Partenkirchen, 700 m. Von München sehr günstig mit der Bahn zu erreichen. Bus- und Taxiverbindung zur Talstation der Wankbahn.

Ausgangspunkt: Bergstation der Wankbahn, 1780 m.

Gehzeiten: Bergstation Wankbahn – Esterbergalm 20 Min., Esterbergalm – Hoher Fricken 2 Std.; insgesamt 2½ Std.

Höhenunterschied: 680 m.

Anforderungen: Steile Hänge mit einigen Engstellen entlang des Südwestkammes.

Hangrichtung: Ost- bis südostseitig.

Lawinengefährdung: Aufstieg und Abfahrt entlang des Südwestkammes sind mitunter lawinengefährdet; die Abfahrt vom Gipfel nach Südosten hinab kommt nur bei absolut stabilem Firn in Betracht.

Orientierung: Bei guter Sicht relativ einfach. Bei Nebel und fehlenden Spuren problematisch.

Günstige Zeit: Januar – März.

Varianten: Direktabfahrt vom Gipfel über steile Hänge nach Südosten. Von der Esterbergalm können über die Hintere Esterbergalm und einen längeren Forstweg in jeweils 2½ Std. noch einige weitere Gipfel erreicht werden, die sich auch gut kombinieren lassen: Bischof (nicht ganz unschwieriger Gipfelmarsch zu Fuß, aber tolle ostseitige Pulvermulden), Kareck (hübsche südseitige Firnhänge, ideal bei etwas höherer Schneelage und bedeckten Latschen) sowie Krottenkopf (im Gipfelbereich oftmals verblasen, aber höchster Punkt der Gruppe).

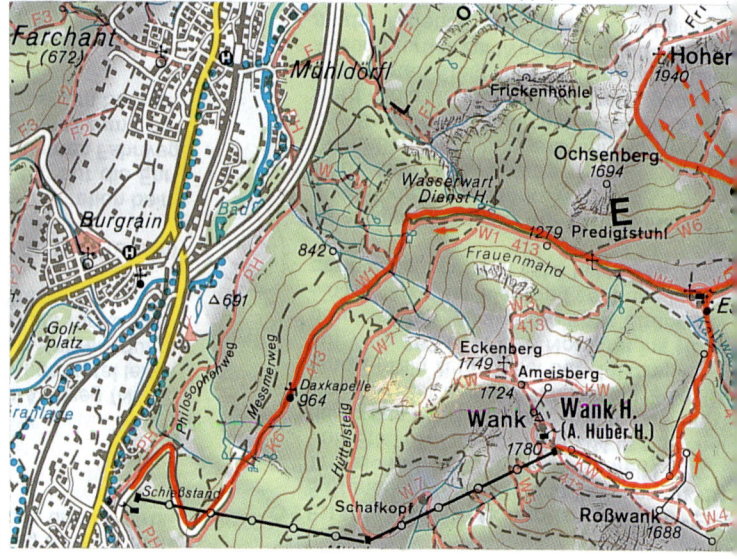

Dank der Wankbahn ergibt der Quotient von Abfahrt und Aufstieg am Hohen Fricken mehr als zwei zu eins – gute Aussichten also für ein Maximum an Abfahrtsfreuden bei einem Minimum an Aufstieg. Dabei erwarten uns je nach Schneeverhältnissen an der Esterbergalm mehrere Ziele zur Auswahl: Die lohnendsten sind sicherlich der Bischof bei Pulverschnee und der gerad-linige Anstieg zum Fricken bei sicherem Firn.

Nach der Auffahrt mit der **Wankbahn** kurven wir, gewissermaßen zum Aufwärmen, über die Pisten nach Osten und Norden hinab in den topfebe-nen Boden der **Esterbergalm**. Im Schlittschuhschritt skaten wir dort, rechts an der Alm vorbei, nach Nordosten auf ein Gatter im Zaun zu. Hier, am

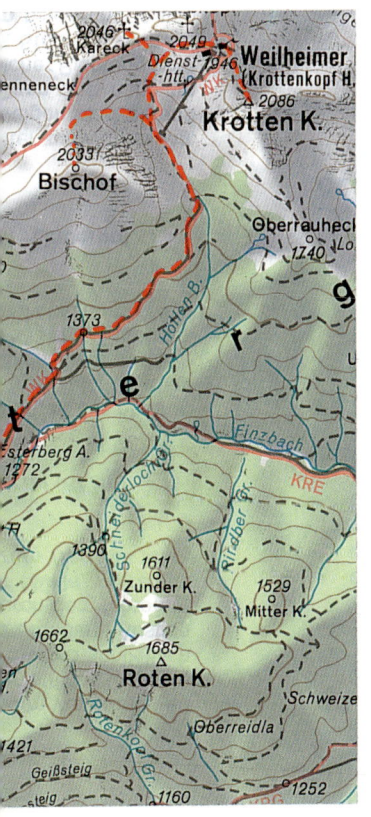

Beginn des Finzbachtales, kommen die Felle zum Einsatz. Wir steuern in den anfangs noch ganz flachen Tal-einschnitt hinein, biegen aber schon nach fünf Minuten auf eine links aufwärts führende Forststraße ab und folgen der Beschilderung zur Krottenkopfhütte. Noch vor einem ausgeprägten Bachgraben verlassen wir die Almstraße erneut nach links und ziehen dem lichten Wald entge-gen. Dort schlängelt sich die Spur, dem Weg des geringsten Wider-standes folgend, in vielen Serpenti-nen über kurze Steilaufschwünge zum freien Südwestrücken des **Ho-hen Fricken** empor und über ihn in leichtem Auf und Ab nach Norden zum höchsten Punkt. Eines muß schon von vornherein klar sein: Der Fricken lohnt wirklich nur bei siche-rem Firn, wenn die makellos freien Hänge direkt nach Südosten hinab befahren werden können – anson-sten geht man besser auf den Bi-schof. Zurück an der Esterbergalm heißt es erst einmal kräftig nach We-sten schieben, ehe man auf einem kurzen Gegenanstieg auf der Piste nach Garmisch hinabsausen kann (oftmals nur sehr wenig Schnee, Auskünfte an der Talstation der Wankbahn einholen).

21 Rofanspitze, 2259 m

Voll im Trend – die Südabfahrt nach Wiesing

Erfurter Hütte – Grubascharte – Rofanspitze – Schermsteinalm – Alpiglalm – Wiesing

Talort: Maurach am Achensee, 974 m.

Ausgangspunkt: Erfurter Hütte, 1831 m, an der Bergstation der Rofan-Seilbahn.

Endpunkt: Wiesing, 620 m, im Inntal. Rückkehr zur Talstation der Rofan-Seilbahn mit Linienbus (Abfahrtszeiten 12.50, 13.52, 15.04, 17.00 Uhr, Fahrzeit knapp 20 Min.).

Gehzeiten: Erfurter Hütte – Grubascharte 1 Std., Grubascharte – Rofanspitze ½ Std.; insgesamt 1½ – 2 Std.

Höhenunterschied: 450 m im Aufstieg, 1630 m bei der Abfahrt.

Anforderungen: Skitechnisch relativ einfacher Aufstieg mit einer kurzen, etwas steileren Engstelle an der Grubastiege. Die Abfahrt dagegen ist anspruchsvoll und weist einige Steilhänge und Engstellen auf.

Hangrichtung: Im Aufstieg südwestseitig, in der Abfahrt südost- bis südwestseitig.

Lawinengefährdung: Insbesondere nach Neuschneefällen und Windverfrachtung, aber auch bei Erwärmung lawinengefährdet. Daher am besten bei Firn und nach kalter Nacht. Neuralgische Punkte sind der Gipfelhang, die Verengung bei der Schermsteinalm sowie die Steilhänge unter Sonnwendjoch und Ebner Joch.

Orientierung: Oft gespurt, daher recht einfach. Bei schlechter Sicht und fehlenden Spuren für Ortsunkundige allerdings schwierig und gefährlich.

Günstige Zeit: Februar – März.

Die Tour zur Rofanspitze ist **das** Aushängeschild dieses kleinen Bergstockes über Achensee und Inntal. Mit Recht, denn sie bietet wirklich alles, was eine genußreiche Frühlings-Firntour braucht. Zunächst natürlich einen kurzen Aufstieg – der Großteil erfolgt sozusagen auf dem Luftweg, via Drahtseil mit der Rofan-Seilbahn. Sodann ein Gipfelpanorama, bei dem man sich leicht den Hals verrenkt: vom Kaiser über die Loferer und Leoganger Steinberge, die Berchtesgadener Alpen, Tauern, Zillertaler und Tuxer Alpen bis ins wild gezackte Karwendel. Und zum krönenden Abschluß eine großartige, nicht enden wollende Abfahrt hinunter nach Wiesing – das Sahnehäubchen eben. All diese Vorzüge haben sich natürlich herumgesprochen in den Kreisen der skifahrenden Zunft, und so kommt es, daß die Tour bei Schönwetter regelmäßig geradezu überlaufen ist. Selber schuld, wer der Rofanspitze unbedingt am Wochenende den Buckel runterrutschen muß.

Wir jedenfalls surren unter der Woche mit der Rofan-Seilbahn der **Erfurter Hütte** entgegen und ziehen nach kurzer Abfahrt in den Kessel östlich des Gschöllkopfes die Felle auf. Durch die kurze Engstelle der Grubastiege steigen wir nach Osten hinauf auf das weite Plateau der Gruba und folgen der Spur in nordöstlicher Richtung unter dem Roßkopf hindurch zur **Grubascharte**. Der letzte Hang unter der Scharte ist schon ein bißchen steiler und bereitet uns so auf die jenseits ansetzende Querung über den steilen Hang zur **Rofanspitze** vor.

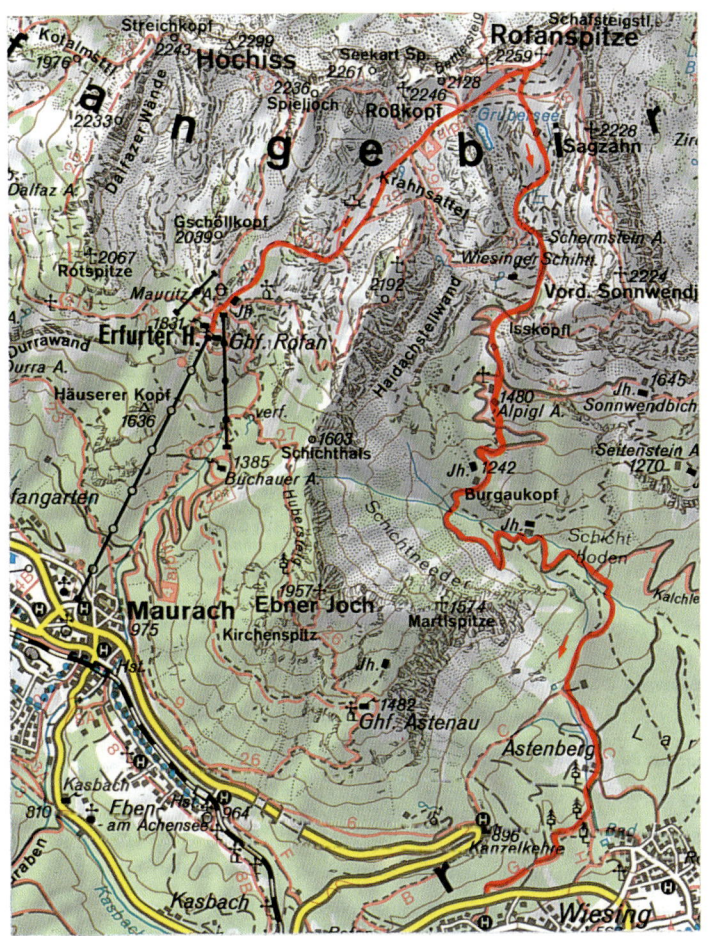

So, das war's schon mit Aufstiegsmühen, nun heißt es Rasten und Schauen, bis der Firn die richtige Tiefe hat – zwei bis drei Zentimeter wären gerade recht. Dann stürzen wir uns hinein in den weißen Rausch, stets allerdings mit zwei wachsamen Augen, denn die Abfahrtshänge und angrenzenden Flanken sind alles andere als lawinensicher. Über den prallen und steilen

Südhang der Rofanspitze schwingen wir hinab zu einem einzelnen Hüttchen. Am besten halten wir uns dort erst einmal an einen nach rechts abstreichenden Rücken und durch einen Graben hinab zur **Schermsteinalm**. Dort kurven wir durch das Tälchen hinaus zu einem Steilhang, der direkt unter dem Sonnwendjoch nach Westen, zwischen Felsabbrüchen hindurch, zu dem Hang oberhalb der **Alpiglalm** leitet. Geradewegs nach Süden an den Hütten vorbei, verengen sich die Wiesen in einen steilen Graben hinein. Unterhalb einer Hütte verlassen wir dieses Kanonenrohr auf einem Almweg nach rechts hinüber in das Kar unter dem Ebner Joch. Anfänglich noch durch die Karmulden und lichten Wald hinab, treffen wir bald auf einen

Unterwegs im Miniaturgebirge: Die Wege im Rofan sind so kurz, daß wir schon bald nach dem Aufbruch an der Erfurter Hütte rechts hinten die Rofanspitze sehen.

Einsamkeit allerdings darf man sich nicht erwarten – im Anstieg zur Grubascharte.

Forstweg, auf dem wir rechtshaltend die freien Böden oberhalb **Wiesing** erreichen. Noch einige letzte Schwünge zu deren unterem Ende – und eine letzte Schußfahrt auf der Forststraße nach Südwesten, dann hat leider auch dieses Vergnügen ein Ende.

22 Seekarlspitze, 2261 m

Halbtags-Zuckerl für Spätaufsteher

Erfurter Hütte – Grubastiege – Seekarlspitze

Talort: Maurach am Achensee, 974 m.
Ausgangspunkt: Erfurter Hütte, 1831 m, an der Bergstation der Rofan-Seilbahn.
Gehzeiten: Erfurter Hütte – Grubastiege 25 Min., Grubastiege – Seekarlspitze 1 Std.; insgesamt 1½ Std.
Höhenunterschied: 460 m.
Anforderungen: Skitechnisch einfache Tour. An der Grubastiege geht es bei niedriger Schneelage zwischen den Latschen ein bißchen eng her. Achtung: manchmal weit ausladende Gipfelwächte.
Hangrichtung: Südseitig.
Lawinengefährdung: Außer nach starken Neuschneefällen kaum lawinengefährdet.
Orientierung: Auch bei fehlenden Spuren (sehr selten) einfach. Bei Nebel allerdings ist die weite Abdachung unter dem Gipfel ziemlich unübersichtlich.
Günstige Zeit: Januar – März.
Varianten: Im unteren Teil kann noch vor der Grubastiege durch ein Tälchen östlich des Spieljochs aufgestiegen bzw. abgefahren werden. Bei »Überfüllung« an der Seekarlspitze bietet die unbezeichnete Scharte zwischen Roßkopf und Seekarlspitze (s. Abbildung Seite 77 rechts) ein hübsches Ausweichziel.

Langschläfer aufgepaßt: Die Seekarlspitze im Rofan ist die optimale Tour für einen verspäteten Aufbruch – kurzer Anstieg und eine hindernislose, kaum lawinengefährdete Firnabfahrt für (fast) jede Tageszeit.
Dabei nimmt die Rofan-Seilbahn von Maurach hinauf zur **Erfurter Hütte** den verwöhnten Genußspechten schon einen Löwenanteil der Aufstiegsmühen ab. An der Bergstation läßt man dann die Brettl erstmal laufen, nach Norden hinüber zur Mauritzalm und in den flachen Kessel östlich des Gschöllkopfes. Hier kommen die Felle aus dem Rucksack. Nach Osten hinüber gewinnt man die latschenbestandene Rampe der **Grubastiege**, die auf das flache Plateau der Gruba mündet. Hier wenden wir uns nach links und ersteigen einen weitläufigen Rücken, der den weiteren Aufstieg in nördlicher Richtung vermittelt. Ohne jegliche Orientierungsprobleme geht's geradewegs auf die

Seekarlspitze zu, die mit einer dreieckigen Abdachung gegen den Höhenrücken hin absinkt. Zunächst noch in weiten Schleifen, dann in immer
engeren Kehren gelangen wir auf den höchsten Punkt. Bei der Abfahrt folgt
man entweder dem Anstiegsweg oder schwenkt auf 2060 Meter Höhe etwas
nach rechts, auf das Spieljoch zu, in ein hübsches Tälchen ein.

*Ein Bild spricht Bände – die makellosen Firnhänge der Seekarlspitze von Südosten
betrachtet. Gut einzusehen ist auch die namenlose Scharte zwischen Seekarlspitze
und Roßkopf mit ihrer selten verspurten Abfahrt.*

23 Hochiss, 2299 m

Der höchste Rofan-Gipfel – ein wahrhaft steiler Zahn

Erfurter Hütte – Vordergschöll – Hintergschöll – Hochiss

Talort: Maurach am Achensee, 974 m.
Ausgangspunkt: Erfurter Hütte, 1831 m, an der Bergstation der Rofan-Seilbahn.
Gehzeiten: Erfurter Hütte – Hochiss 2 Std.
Höhenunterschied: 520 m.
Anforderungen: Paradetour für ausgezeichnete Skifahrer, gewürzt mit äußerst steilen Hängen im Gipfelbereich, Felsabbrüchen und Engstellen.
Hangrichtung: Südseitig.
Lawinengefährdung: Häufig lawinengefährdet, daher nur bei absolut sicherem Firn zu verantworten.
Orientierung: Selten gespurt, dennoch problemlose Orientierung.
Günstige Zeit: Februar – März.
Variante: Aufstieg und Abfahrt auch östlich des Gschöllkopfes und dann westlich unter dem Spieljoch hindurch möglich.

Unter den regelmäßig befahrenen Skitouren des Rofan bildet der Hochiss die rühmliche Ausnahme. Und das hat seinen Grund, bäumt sich seine Südflanke doch etwa 40 Grad auf. Sicherheit ist also gefragt, sowohl beim Aufstieg als auch in der Abfahrt. Überhaupt verlangt die Wahl des richtigen Abfahrtszeitpunktes hier ein feines Gespür. Wer einmal bei Hartschnee mit zittrigen Knien vom Hochiss herunterkratzte oder gar im tiefen Sulz seine Gräben zog, der wird uns beipflichten: Kann man machen, muß man aber nicht, denn nur bei wenigen Zentimetern Butterfirn macht die Sache richtig Spaß.

Den Auftakt für die Skitour zum Hochiss bildet die kurze Abfahrt von der **Erfurter Hütte** nach Westen hinab zur Talstation eines Sesselliftes und jenseits durch lichten Wald hinein ins **Vordergschöll**. Die Mulden und Wannen zwischen Dalfazer Wänden und Gschöllkopf bieten ein landschaftlich attraktives und dabei erstaunlich einsames Tourengelände. So ziehen wir unsere Spur auch meist durch unberührtes Weiß, immer in nördlicher Richtung, hinein ins **Hintergschöll**. Im Westen begleitet uns dabei stets ein

Unterwegs im Hintergschöll: Deutlich ist die Aufstiegsrampe auszumachen, die von rechts unten nach links oben unter den gelben Gipfelfelsen des Hochiss emporzieht.

Höhenrücken, über den man ebenfalls zum Gipfel gelangt, allerdings mit einigen »Ski-Tragestrecken«. Schon von weitem ist der markante Gipfelaufbau des **Hochiss** sichtbar, durch dessen Südflanke eine steile und abschüssige Rampe den Zugang zum obersten Gipfelgrat vermittelt.

24 Streichkopf, 2243 m

Zauberhaftes Kleinod in der »Puppenstube« über dem Achensee

Erfurter Hütte – Vordergschöll – Lange Gasse – Streichkopf

Talort: Maurach am Achensee, 974 m.
Ausgangspunkt: Erfurter Hütte, 1831 m, an der Bergstation der Rofan-Seilbahn.
Gehzeiten: Erfurter Hütte – Lange Gasse ¾ Std., Lange Gasse – Streichkopf 1 Std.; insgesamt 1½ – 2 Std.
Höhenunterschied: 500 m.
Anforderungen: Steiler Ausstiegshang auf den Streichkopf, unterhalb einfache Skiwanderung.
Hangrichtung: Südseitig.
Lawinengefährdung: Gipfelhang nur bei sicherem Firn ratsam, sonst problemlos.
Orientierung: Selten gespurt, dennoch einfach.
Günstige Zeit: Januar – März.
Varianten: Aufstieg und Abfahrt auch durch das weiter westlich gelegene Tälchen unter den Dalfazer Wänden möglich; Lawinengefahr durch die abbruchbereiten Wächten auf den Dalfazer Wänden.

Für die Gourmets unter den Freunden der weißen Pracht hat der Rofan, jenes Mini-Gebirge über dem Achensee, mit dem Streichkopf einen ganz besonderen Leckerbissen parat. Von der Gipfelstation an der **Erfurter Hütte** geht es ein kurzes Stück entlang der Pisten nach Westen hinab zur Talstation eines kurzen Sesselliftes und jenseits hinein ins Vordergschöll. Sobald wir den markanten Gipfelaufbau des Hochiss erblicken, halten wir uns nach links auf den Höhenrücken zwischen **Vordergschöll** und Langer Gasse. Beim sanften Aufstieg über das gewellte Gelände Richtung Norden schweift der Blick immer wieder nach links zu den bröseligen Steilwänden des Dalfazer Kammes, ehe wir in kurzer Abfahrt in das Kanonenrohr der **Langen Gasse** hineinsausen. Der Horizont reduziert sich nun auf gleissenden Schnee, tiefblauen Himmel und die grauen Kalkwände der Issplatten. Sind wir dem »Gäßchen« entstiegen, breitet sich vor uns der konkave Gipfelhang unter dem **Streichkopf** aus, über den wir zur Gipfelwächte und zum höchsten Punkt gelangen. Die Abfahrt folgt dem Anstiegsweg.

Einsamkeit ist (fast) garantiert beim Aufstieg zum Streichkopf.

25 Kotalmjoch, 2122 m

»Aschenputtel« auf der unbekannten Rückseite des Rofan

Hotel Achenseehof – Kotalm – Kotalmjoch

Talort: Achenkirch, 922 m, einige Kilometer nördlich des Achensees.

Ausgangspunkt: Hotel Achenseehof, 936 m, am Ostufer des Achensees, knapp nördlich des (von Achenkirch kommend) ersten Tunnels. Parkmöglichkeit östlich der Bundesstraße Achenkirch – Maurach, 950 m.

Gehzeiten: Achenseehof – Kotalm-Niederleger 1 Std., Kotalm-Niederleger – Mitterleger 1 Std., Kotalm-Mitterleger – Kotalmjoch 1¼ Std.; insgesamt 3 – 3½ Std.

Höhenunterschied: 1180 m.

Anforderungen: Steile Hänge im Gipfelbereich verlangen eine saubere Aufstiegstechnik. Die Länge der Tour stellt auch die Kondition ein wenig auf die Probe.

Hangrichtung: Südwest- bis nordwestseitig.

Lawinengefährdung: Bis zum Kotalm-Mitterleger lawinensicher. Die steilen Hänge unter dem Gipfelbereich verlangen lawinenkundliches Beurteilungsvermögen und sind nach Neuschneefällen mitunter nicht sicher.

Orientierung: Nicht regelmäßig gespurt. Bis zum Mitterleger problemlos, oberhalb bei fehlenden Spuren und schlechter Sicht nicht einfach.

Günstige Zeit: Januar – März.

Varianten: Auch der östliche Nachbar des Kotalmjochs, das Stuhljöchl, bietet hübsche Südwesthänge. Durch das zwischen Klobenjochspitze und Kotalmjoch eingelagerte Tal geht's in den Kotalmsattel (leicht und landschaftlich reizvoll; Abfahrt über die Dalfaz- und Teisslalm nach Buchau am Achensee möglich). Knapp unterhalb des Sattels kann leicht linkshaltend auch zum Streichkopf aufgestiegen werden (steil und anspruchsvoll, sehr selten begangen).

Es muß schon eine ganz sonderbare Bewandtnis haben mit dem erklärten Ziel so vieler Tourengeher, die Einsamkeit der winterlichen Bergwelt als Ausgleich zur alltäglichen hektischen Betriebsamkeit aufsuchen zu wollen. Da stellt sich nur die Frage, warum beispielsweise an Juifen oder Rofanspitze die Skifahrer wie die Lemminge gipfelwärts pilgern, während an mindestens drei ebenso hübschen Zielen in nächster Nähe bestenfalls einige wenige Spuren die Hänge zieren? Nun für das Kotalmjoch mag es vielleicht an dem etwas fäkal anmutenden Namen liegen, doch lassen Sie sich versichern: Es stinkt nicht im westlichen Rofan!

Getrost können wir am Parkplatz beim **Achenseehof** die Felle aufziehen und nach Osten auf einer Forststraße in den Wald hinein wandern. An einer Verzweigung des Weges rechtshaltend, gelangen wir zunächst in einen Bachgraben und aus ihm heraus durch einen markanten Geländeeinschnitt zum **Kotalm**-Niederleger. An den Hütten stellt sich die Frage, ob man weiter der Almstraße folgen soll. Bei niedriger Schneelage allemal, bei ausreichend Schnee allerdings wird man deren weite Kehren in östlicher Richtung durch den lichten Wald abkürzen und so schon bald die freien Wiesen des Mittellegers erreichen. Zunächst nur ganz sanft ansteigend geht's durch ein Tälchen nach Südosten unter die Klobenjochspitze, wo wir am verfallenen

Hochleger der Kotalm nach links einschwenken. Für den Aufstieg über den nahezu ungegliederten Südwesthang des **Kotalmjoches** wählen wir am besten einen ganz sanft ausgeprägten Rücken, der knapp östlich des Gipfels auf den bisweilen ziemlich stark verwächteten Gratkamm trifft.

Die Abfahrt folgt prinzipiell dem Anstiegsweg, wobei man bei entsprechenden Verhältnissen natürlich die ganze Breite des herrlichen, 300 Meter hohen Gipfelhanges ausnutzen kann.

26 Guffert, 2196 m

»Wirklich oben bist Du nie« – Gipfelloses Skivergnügen für Steilhang-Artisten

Obingaste – Guffertkar

Talort: Steinberg, 1000 m, im Norden des Rofanstockes gelegen. Auf gut ausgebauter Bergstraße aus dem Achental erreichbar.

Ausgangspunkt: Knapp 2 km nordwestlich vor Steinberg liegen an einer Wiese nördlich der Verbindungsstraße nach Achenkirch die Hütten der Obingaste, 1020 m.

Gehzeiten: Obingaste – Guffertkar 3 Std.

Höhenunterschied: 900 m.

Anforderungen: Sichere Aufstiegstechnik auf hartgefrorenen Steilhängen inklusive perfekter Beherrschung der Kickkehre sowie kontrollierter Abfahrtsstil in bis zu 40 Grad steilem Gelände unbedingt notwendig.

Hangrichtung: Südseitig.

Lawinengefährdung: Nur bei sicherem Firn und nach kalter Nacht zu verantworten. Eine rechtzeitige Abfahrt ist unumgänglich.

Orientierung: Am schwierigsten ist der Einstieg in die Tour zu finden, den ein breiter Latschengürtel versperrt. Zwischen den Latschen gibt es immer wieder mehr oder weniger breite Durchlässe, die ein gutes Durchkommen ermöglichen, aber auch Sackgassen.

Günstige Zeit: Februar – März.

Zugegeben, ein Skiberg, wie man ihn sich vorstellt, ist der Guffert sicher nicht. Dennoch hält das unter den felsigen Südflanken des Berges eingelagerte Kar ein ganz besonderes Leckerli parat: Es ist steil, fährt sich zügig und ohne jedes Flachstück – ein gefundenes Fressen für sonnenhungrige Firnakrobaten. Ganz besondere Meister des Steilhanges können auch noch weiter hinauf bis in die Westgratscharte kraxeln und sich durch die überaus enge und steile Rinne in die Tiefe »stürzen«. Einen Haken allerdings hat die Tour: Aufgrund der Hangausrichtung und niedrigen Ausgangslage ist ein schneereicher Winter mit gut abgesessener, hoher Schneedecke unumgänglich, sonst apert ein Großteil der Hänge lange vor dem Erreichen stabiler Verhältnisse aus.

Haben wir also den richtigen Zeitpunkt erwischt, wandern wir an der **Obing-aste** über einen Forstweg nach Westen und, an einer Wegkreuzung rechts abbiegend, durch den Wald bis unter das Kar hinauf. Ein Stückchen östlich oberhalb der Aste finden wir in einem Tälchen den besten Durchschlupf durch den Latschengürtel. Oben, im freien Gelände, halten wir uns links auf einen Rücken, um in etwa 1600 Meter Höhe eine Mulde nach Westen zu einem weiteren Rücken zu queren. Dieser ermöglicht den sichersten Aufstieg in die obersten Steilhänge des **Guffertkares**. Je nach Lust und Laune steigt man etwas weiter links gegen den Westgrat oder leicht rechtshaltend bis unter den Hauptgipfel an. Hat der Firn dann den gewünschten Weichheitsgrad erreicht, fährt man geradewegs durch das Kar hinab zur Obingaste.

Gleich einer Treppe für Riesen begrenzt die Guffertkante das Skikar im Osten.

27 Gröbner Hals, 1650 m

Ein Hort der Stille zwischen Juifen und Christlum

Talstation Christlum-Bahnen – Gröbner Alm – Gröbenalm – Gröbner Hals

Talort: Achenkirch, 922 m, einige Kilometer nördlich des Achensees an der Verbindungsstraße Tegernsee – Inntal gelegen.

Ausgangspunkt: Von der Bundesstraße nach Westen zur Talstation der Christlum-Bahnen. Über eine Brücke, vorbei am Ski-Kindergarten, zum nördlichsten Parkplatz am Beginn des Unterautales, 945 m.

Gehzeiten: Talstation Christlum-Bahnen – Gröbner Alm ½ Std., Gröbner Alm – Gröbenalm 1¼ – 1½ Std., Gröbenalm – Gröbner Hals ½ Min.; insgesamt 2 – 2½ Std.

Höhenunterschied: 710 m.

Anforderungen: Skitechnisch ganz einfache Tour; im unteren Teil Forststraße, oben angenehm geneigte Almwiesen.

Hangrichtung: Ostseitig.

Lawinengefährdung: Selten lawinengefährdet, bestenfalls nach starken Neuschneefällen mit Windverfrachtung oder bei starker Erwärmung vor und nach der Gröbenalm aus den Flanken des Rether Kopfes.

Orientierung: Problemlos.

Günstige Zeit: Dezember – März.

Variante: Unter den freien Wiesen der Gröbenalm kann man an einem Niederschlagsmesser geradewegs zwischen zwei Bachgräben über Waldschneisen zur Hochstegenalm abfahren. Vor der Alm kehrt man über eine schmale Brücke und danach kurz ansteigend zum Forstweg zurück.

Mit den Geheimtips ist das auch bei Skitouren so eine Sache. Entweder hat das hinter vorgehaltener Hand gepriesene Ziel irgendeinen Haken oder es ist mit dem Dornröschenschlaf ziemlich schnell vorbei. Nun, der Gröbner Hals ist ein Geheimtip – und wird es wohl noch einige Zeit bleiben. Zu lange marschiert man auf dem Forstweg, als daß sich ambitionierte Skitourengeher für die ideal geneigten Almwiesen der Gröbenalm allen Ernstes interessieren könnten. Touren-Neulingen dagegen bietet der Gröbner Hals ideales Terrain für die ersten Schritte in dem neuen Metier.

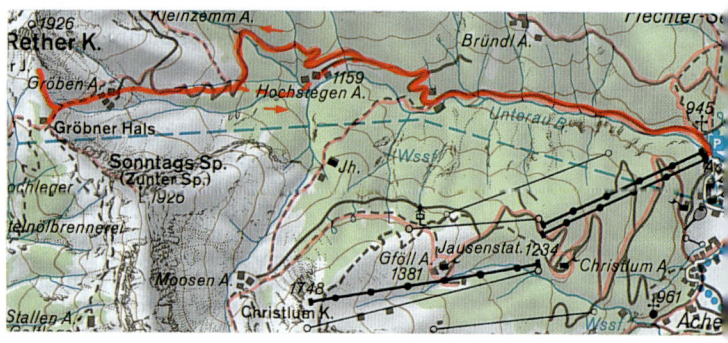

Ideal für die ersten Schwünge im Tiefschnee – das Skihörndl am Gröbner Hals.

Vom Parkplatz an den **Christlum-Bahnen** wandert man mit wenig Höhengewinn nördlich des Unteraubaches auf einer Forststraße talein zur **Gröbner Alm**. Dort zieht das Sträßchen in mehreren Kehren etwas steiler an der Hanglehne bergauf. Die Abzweigung zur Hochstegenalm bleibt links liegen, ehe wir, nach Nordwesten in einen Bachgraben hinein und nach Süden wieder heraus, bei einem Niederschlagsmesser die freien Wiesen der **Gröbenalm** erreichen. Unter dem Rether Kopf geht's nach Westen in das Almdörfchen und zwischen den Hütten hindurch auf den hübschen weißen Buckel nördlich des **Gröbner Halses**. Die im Hochwinter schattseitige Abfahrt längs des Aufstiegsweges verspricht meist lockeren Pulverschnee.

28 Hochplatte, 1815 m

Karwendel, einmal ganz leicht gemacht

Achental – Falkenmoosalm – Hochplatte

Talort: Achenkirch, 922 m, einige Kilometer nördlich des Achensees.
Ausgangspunkt: Ortsteil Achental, 890 m, nördlich von Achenkirch gelegen. Parkmöglichkeiten unterhalb des Gasthauses Tirolerland an einem von der Bundesstraße nach Westen abzweigenden Forstweg (knapp südlich eines Campingplatzes).
Gehzeiten: Achental – Falkenmoosalm 1¼ – 1½ Std., Falkenmoosalm – Hochplatte 1¼ – 1½ Std.; insgesamt 2½ – 3 Std.
Höhenunterschied: 930 m.
Anforderungen: Skitechnisch relativ einfache Tour mit einer kurzen, etwas steileren, engräumigen und anspruchsvolleren Passage am Nordkamm der Hochplatte.
Hangrichtung: Ost- bis nordseitig.
Lawinengefährdung: Nur die Querung unter dem ostseitigen steilen Gipfelaufbau kann nach Neuschneefällen und Windver-frachtung schneebrettgefährdet sein. Dann kann man auch am Nordkamm zu Fuß zum Gipfel gelangen.
Orientierung: Regelmäßig gespurt, aber auch bei schlechter Sicht und fehlenden Spuren unproblematisch.
Günstige Zeit: Januar – März.
Varianten: Statt der engen Abfahrt entlang des Nordkammes kann man bei hoher Schneelage auch in den Graben nördlich der Seewaldhütte abfahren und in etwa 1340 Meter Höhe auf einer Forststraße nach Norden zur Falkenmoosalm queren. Oder vom Nordkamm der Hochplatte auf 1600 Meter Höhe nach Westen ins Tal der Großzemmalm queren (steiles Gelände) – von dort Aufstiegsmöglichkeit zu einer Schulter unter dem Kafell, ca. 1800 m, tolle nordostseitige Abfahrt und Rückkehr über die Juifen-Abfahrt.

Für die Gesellen und Meister ihres Fachs hält das Karwendel ja so manches Skitouren-Schmankerl bereit. Dagegen ist das Angebot für Touren-Neulinge, die erst einmal einen etwas behutsameren Einstieg in dieses großartige »urweltliche Gebirg'« suchen, ziemlich dünn gesät. Einzig in den Vorbergen über dem Achensee finden sich mit Hochplatte und Juifen zwei wirklich

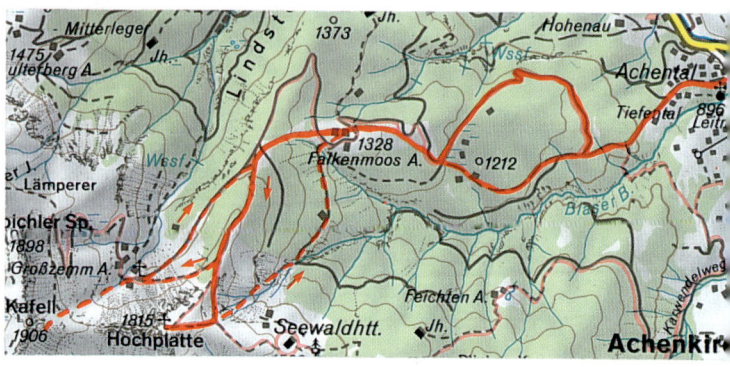

Ein wahrhaft seltenes Ereignis: Nach einigen Zentimetern Neuschnee ziehen wir die ersten Spuren von der Hochplatte hinab in den Graben nördlich der Seewaldhütte.

mustergültige Skiberge. Entsprechend groß ist natürlich der Andrang an schönen Wochenendtagen. Doch während die Mehrzahl der Tourengeher zum Juifen eilt, bleibt es an der Hochplatte meist noch etwas ruhiger.

Gemeinsam mit den Juifen-Aspiranten ziehen wir von **Achental** entweder über die freien Wiesen oberhalb des Ortes oder auf dem Forstweg zur Waldgrenze bei Tiefental. Hier taucht das Sträßchen ein in den Wald und führt hoch über dem Tal des Blasenbachs nach Westen. An einer scharfen Kehre steht nun die Entscheidung an, ob wir der bequemen Straße nach rechts folgen oder die Schleife auf einem etwas steileren Karrenweg geradeaus abkürzen. Beide Varianten treffen an den freien Wiesen der **Falkenmoosalm** wieder zusammen, über die wir nach Westen an den Nordkamm der Hochplatte gelangen. Dort wenden wir uns scharf nach Süden und gewinnen mit zahlreichen kurzen Serpentinen im engräumigen Gelände zwischen den knorrigen Bäumen rasch an Höhe. Unter dem steilen Gipfelaufbau kneifen wir nach links aus und queren nach Süden auf den runden Rücken, der von der Seewaldhütte ganz kommod zum Gipfel der **Hochplatte** zieht. Die Abfahrt folgt dem Anstiegsweg.

29 Juifen, 1988 m

Sonnig, sanft und weitgehend sicher – Einsteigertour par excellence

Achental – Falkenmoosalm – Großzemmalm – Juifen

Talort: Achenkirch, 922 m, einige Kilometer nördlich des Achensees.
Ausgangspunkt: Ortsteil Achental, 890 m, nördlich von Achenkirch gelegen. Parkmöglichkeiten unterhalb des Gasthauses Tirolerland an einem von der Bundesstraße nach Westen abzweigenden Forstweg (knapp südlich eines Campingplatzes).
Gehzeiten: Achental – Falkenmoosalm 1¼ – 1½ Std., Falkenmoosalm – Großzemmalm ¾ Std., Großzemmalm – Juifen 1½ Std.; insgesamt 3½ – 4 Std.
Höhenunterschied: 1120 m.
Anforderungen: Skitechnisch weitgehend einfacher Anstieg. Die letzten Meter zum Gipfel zu Fuß. Wegen der Länge der Tour ist aber eine gute Kondition nötig.
Hangrichtung: Südost- bis ostseitig.
Lawinengefährdung: Ausschließlich die Querung unter dem steilen Nordwesthang der Hochplatte zur Großzemmalm sowie die nordseitige Querung unter der Marbichler Spitze zum Marbichler Joch können nach Neuschneefällen lawinengefährdet sein.
Orientierung: Meist gespurt, daher einfach. Bei fehlenden Spuren und schlechter Sicht im freien Gelände oberhalb der Großzemmalm schwierig.
Günstige Zeit: Januar – März.

Mit der großen Einsamkeit von anno dazumal ist es am Juifen längst vorbei. In allzu makellosem Weiß erstrahlen seine herrlichen Abfahrtshänge, als daß die Tourenfahrer sie nicht schon längst für sich entdeckt hätten. Der Aufstieg von Achental bietet ein abwechslungsreiches Potpourri aus Forstwegen, Almwiesen, sanften Mulden, kurzen steileren Stufen und zu guter Letzt einem aussichtsreichen Gipfelgrat. Doch ein bisserl Kondition braucht's schon, will man den nahezu vierstündigen Aufstieg über die Falkenmoos- und Großzemmalm unter die Felle nehmen.

Auf knapp zwei Stunden Weglänge wandern wir wie beim Anstieg zur Hochplatte (siehe Tour 28) von **Achental** auf einem bequemen Forststräß-

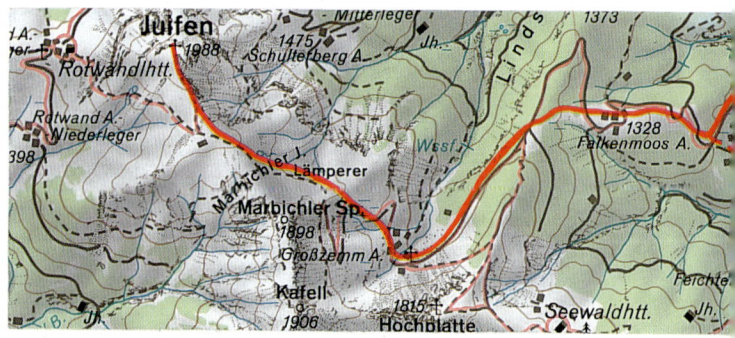

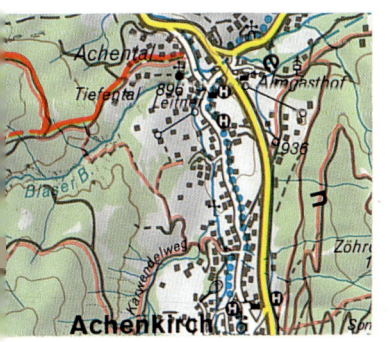

Ideal bei Pulver und Firn: die Paradehänge um Marbichler Joch und Juifen (rechts).

chen zur **Falkenmoosalm** und weiter nach Westen an den Nordkamm der Hochplatte. Dort führt eine Almstraße nach Südwesten, unter der Hochplatte hindurch, in den weiten Kessel der **Großzemmalm**. Gleich hinter den Hüttchen durchqueren wir einen Bacheinschnitt und gelangen im Bogen nach Norden, über eine kurze steilere Stufe hinweg, auf den Nordostkamm der Marbichler Spitze. Jenseits zieht die Spur sanft ansteigend quer durch den Nordhang in die breite Einschartung des Marbichler Joches. Über den anfangs runden Südostkamm und den schmäleren Südgrat erreichen wir schließlich den Gipfel des **Juifen**. Als Belohnung winkt nun eine lange und bis zur Großzemmalm hindernislose Abfahrt längs der Aufstiegsroute nach Achental.

30 Zotenjoch, 1881 m

Bike & Ski – abwechslungsreicher kann eine Skitour wohl kaum sein

Fall – Wirtshaus Bächental – Zotenalm (Mitterleger) – Zotenjoch

Talort/Ausgangspunkt: Fall, 770 m, am Südufer des Sylvensteinspeichers gelegen. Busverbindung mit Lenggries.
Gehzeiten: Fall – Wirtshaus Bächental (Radlstrecke) 1 Std., Wirtshaus Bächental – Zotenalm (Mitterleger) 1¼ Std., Zotenalm – Zotenjoch 1¾ Std.; insgesamt 4 Std.
Höhenunterschied: 1150 m.

Anforderungen: Durch die Länge der Tour und den Rhythmuswechsel vom Radl auf die Ski ziemlich anstrengend. Skitechnisch nur mäßig schwieriger Anstieg auf Forstwegen und über mittelsteile Hänge mit kurzen Steilstufen.

Hangrichtung: Südseitig.

Lawinengefährdung: Am sichersten – und allerschönsten – bei stabilem Firn.

Orientierung: Eher selten gespurt, trotzdem relativ einfach. Bei schlechter Sicht im wenig gegliederten Gelände oberhalb des Zotenalm Mitterlegers allerdings problematisch.

Günstige Zeit: Februar – März.

Variante: An der Verzweigung der Forststraße zwischen Zotenalm Nieder- und Mitterleger kann rechtshaltend über den Niederleger der Rotwandalm auch der grandiose Südwesthang des Juifen erreicht werden – nur bei stabilem Firn ratsam.

Sie sind in den Sommermonaten ein begeisterter Mountainbiker und touren von Weihnachten bis Ostern mit Ski durchs Gebirg'? Dann sollten Sie jetzt genau nachlesen, denn die Bike & Ski-Tour zum Zotenjoch bietet die ideale Kombination dieser beiden Fortbewegungsmittel.

Die Brettln auf den Rucksack geschnallt, satteln wir in **Fall** den Drahtesel und radeln gemütlich auf dem geräumten Forstweg nach Süden hinein ins Tal der Dürrach. Nur ab und zu legt das Sträßchen auf kurzen Etappen ein wenig an Prozenten zu, bis wir jenseits des Zollhauses zum **Wirtshaus Bächental** gelangen. Dort werden die Bikes geparkt und die Felle aufgezogen. Nachdem wir auf der Straße wenige Meter bis vor die Brücke zurückmarschiert sind, ziehen wir unsere Spuren nach Nordosten durch ein kurzes Waldstück zu den freien Wiesen des Zotenalm Niederlegers. Oberhalb der Hütten

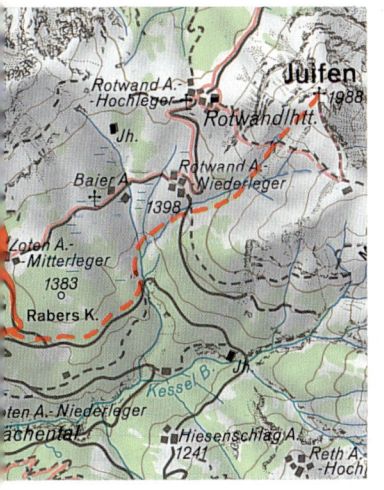

folgen wir einem Almsträßchen nach links hinauf zum **Mittelleger** der **Zotenalm** – bei ausreichender Schneelage können die Straßenkehren ohne weiteres im Wald abgekürzt werden. Durch schütteren Wald steigen wir nun nach Nordwesten auf, um unterhalb des Zotenalm Hochlegers endgültig die hindernislosen Idealhänge des **Zotenjochs** zu erreichen. In zahlreichen Serpentinen schlängelt sich die Spur nun auf einem Geländerücken bis zum unscheinbaren Gipfelchen östlich des Demeljochs. Nach ausgiebiger Brotzeit schwingen wir, im großen und ganzen der Aufstiegsspur folgend, hinab zum Wirtshaus Bächental und setzen dort die Abfahrt auf zwei Rädern fort.

31 Schafreuter, 2102 m

Sommers wie winters einer **der** Münchner Hausberge

Oswaldhütte – Moosenalm – Schafreuter

Talort: Vorderriß, 782 m.
Ausgangspunkt: Oswaldhütte, 840 m, etwa 6 km südlich von Vorderriß an der Straße nach Hinterriß. Wegweiser zur Tölzer Hütte.
Gehzeiten: Oswaldhütte – Moosenalm 2½ Std., Moosenalm – Schafreuter 1¼ – 1½ Std.; insgesamt 4 Std.
Höhenunterschied: 1260 m.
Anforderungen: Diese lange, skitechnisch mäßig schwierige Skitour erfordert eine gute Kondition. Aufstieg aus der Kühreiße zum Gipfel sehr steil. Am Nordwestkamm teils mächtige Wächten.
Hangrichtung: Nordwest- bis westseitig.
Lawinengefährdung: Allgemein nur bei stabilen Verhältnissen empfehlenswert.

Aufstieg und/oder Abfahrt durch die Kühreiße nur bei allerbesten Verhältnissen, da im oberen Teil sehr steil. Der Ausstieg zum Gipfel kann durch Wächten unmöglich sein. Dann bleibt man am besten am Nordwestrücken (Normalweg).
Orientierung: Häufig gespurt, daher relativ einfach. Bei fehlenden Spuren und schlechter Sicht problematisch, am wächtengekrönten Gipfelgrat sogar gefährlich.
Günstige Zeit: Februar – April.
Variante: Bei hoher Schneelage und sicherem Firn ist von knapp unterhalb des Gipfels eine Abfahrt nach Süden ins Lecktal möglich (steil und sehr genußreich).

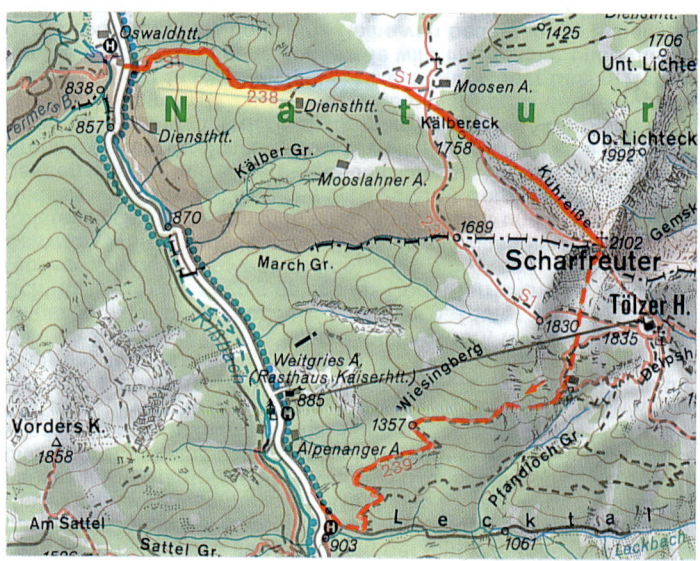

Für Firn-Zauberer hält der Schafreuter die hier sichtbare steile Abfahrt ins Lecktal parat.

An der **Oswaldhütte** folgen wir der Beschilderung zur Tölzer Hütte nach Osten in den steilen Bergwald hinein und gewinnen erst nördlich, dann südlich eines markanten Bachgrabens rasch an Höhe. Längs des markierten Sommerweges erreichen wir so die freien Wiesen der **Moosenalm**. Hier wendet man sich normalerweise nach Südosten und nähert sich über das Kälbereck und den breiten Nordwestkamm dem Gipfel des **Schafreuter**. Das letzte Stück ist schmal und meist verwächtet. Bei absolut sicheren Verhältnissen kann man das Kälbereck nach Osten umrunden und über die Kühreiße den Gipfel ansteuern. Ob man sein Ziel erreicht, hängt von den Verhältnissen im äußerst steilen Gipfelhang und der eventuell abschließenden Wächte ab. Wer also den »Umweg« über die Kühreiße macht, sollte nicht unbedingt wegen des Gipfels gekommen sein, sondern allein der herrlichen Abfahrt wegen, die in dem schattseitigen Kar schon mal Pulver bis in den Mai bereithält. Die übliche Abfahrt folgt der Aufstiegsroute am Nordwestkamm.

32 Schönalmjoch, 1986 m

Die Entdeckung der Einsamkeit

Hinterriß – Schönalmjoch

Talort: Hinterriß, 928 m. Busverbindung mit Lenggries.
Ausgangspunkt: Brücke über den Rißbach vor dem Ortseingang von Hinterriß.
Gehzeiten: Hinterriß – Schönalmjoch 3 – 3½ Std.
Höhenunterschied: 1080 m.
Anforderungen: Teilweise engräumiger Aufstieg über den Rücken Altkot zum Gipfelkamm. Sichere Spitzkehrentechnik.

Hangrichtung: Südwest- bis westseitig.
Lawinengefährdung: Selten lawinengefährdet, da weite Teile des Anstieges in bewaldetem Gelände verlaufen. Auch der Gipfelhang weist nach Neuschneefällen schnell wieder gute Verhältnisse auf.
Orientierung: Besonders im Bereich des Rückens Altkot schwierig. Zudem selten gespurt.
Günstige Zeit: Januar – März.

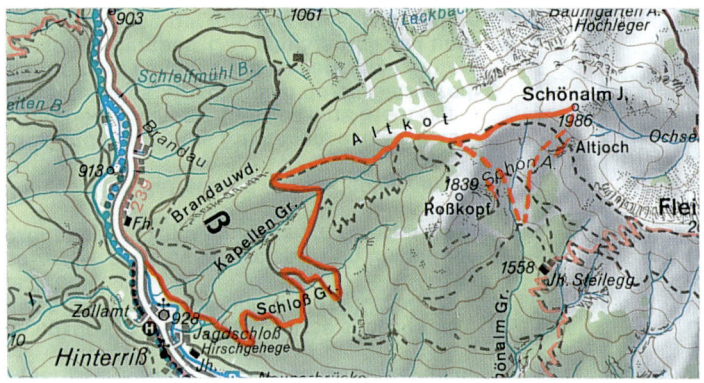

Zugegeben, zu den absoluten Parade-Skitouren im Karwendel zählt das Schönalmjoch nicht gerade. Doch wer an Juifen oder Schafreuter an einem schönen Wochenendtag schon das Schlangestehen übte, der wird sich gerne einmal in die stille Einsamkeit namenloser Nachbargipfel verziehen wollen. Dabei braucht das Schönalmjoch einen Vergleich mit den eingeführten Skibergen gar nicht zu scheuen: Über weite Teile führt die 1000-Meter-Abfahrt durch lichten Wald, und wo es dann doch einmal zu eng hergeht (neuerdings wurde an einigen Stellen frisch aufgeforstet), da benutzt man eben für ein Stückchen die Forststraße.

An der Brücke kurz vor **Hinterriß** zieht man auf einem breiten Forstweg oberhalb des Jagdschlosses hinein in den lichten Hochwald. In mehreren Serpentinen, zwei ausgeprägte Gräben querend, bleibt man der Forststraße

Trotz seines südwestseitigen Traum-Gipfelhanges erhält das Schönalmjoch nur selten Besuch von Tourenskifahrern.

immer treu. Auf etwa 1400 Metern Höhe umrundet die Forststraße an einem Funkumsetzer einen markanten Rücken. Gleich jenseits zweigt rechts eine Sommermarkierung ab, die durch dichten Wald erst links, dann rechts des Rückens Altkot auf den freien Gipfelkamm des **Schönalmjochs** leitet. Um dieses mittlerweile doch recht verwachsene Waldstück zu meiden, kann man bereits vor dem Funkumsetzer in einem Graben nach rechts abzweigen und südlich des Rückens durch lichteren Wald zum Gipfelkamm ansteigen.
Oben angelangt sitzt man auf einem Logenplatz vor dem großartigen Amphitheater der hohen Karwendelberge, während sich die Skifahrerschar drüben am Schafreuter nur so drängt. Die Abfahrt folgt dem Anstiegsweg.

33 Rappenklammspitze, 1835 m

Keckes Felshörndl vor dem Amphitheater der Nördlichen Karwendelkette

Hinterriß – Rohntalalm – Rappenklammspitze

Talort/Ausgangspunkt: Hinterriß, 928 m. Busverbindung mit Lenggries. Geräumiger Parkplatz »Rohntal – Tortal« südwestlich oberhalb der Straße in die Eng.
Gehzeiten: Hinterriß – Rohntalalm 1 – 1¼ Std., Rohntalalm – Rappenklammspitze 1¾ Std.; insgesamt knapp 3 Std.
Höhenunterschied: 920 m.
Anforderungen: Skitechnisch nur mäßig schwierige Tour, allerdings mit einem schmalen und ausgesetzten Gipfelgrat, der unbedingt Trittsicherheit erfordert (im Sommer II). Für den licht bewaldeten Hang oberhalb der Alm ist hohe Schneelage angenehm.
Hangrichtung: Ost- bis südostseitig.
Lawinengefährdung: Besonders nach stärkeren Neuschneefällen und Windverfrachtung sowie bei starker Erwärmung lawinengefährdet.
Orientierung: Oft gespurt. Bei fehlenden Spuren und/oder Schlechtwetter oberhalb der Alm problematisch.
Günstige Zeit: Januar – März.
Varianten: Wem der Gipfelaufbau an der Rappenklammspitze zu heikel ist, der hält sich aus dem Sattel nordöstlich des Gipfels nach rechts zum Hochalplkopf – Direktabfahrt vom Gipfel möglich, jedoch besser am Anstiegsweg. Aus dem Talhintergrund unter der Östlichen Karwendelspitze läßt sich – steil und häufig lawinengefährdet – auch die Torscharte erreichen – Abfahrt am besten ins Rohntal; die mögliche Abfahrt ins Tortal ist oben sehr steil, im Talboden Flachstellen.

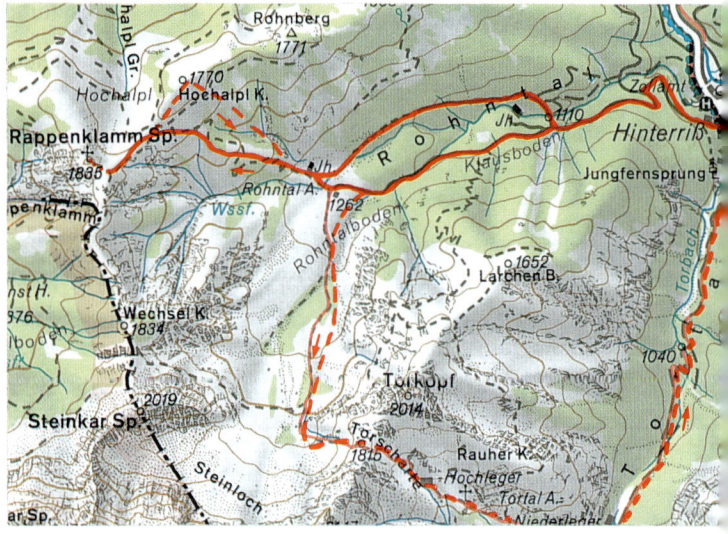

Klein, aber oho: Recht luftig geht's am Gipfelgrat der Rappenklammspitze zu.

Mit zwei Serpentinen schlängelt sich das Forststräßchen vom Parkplatz in **Hinterriß** über einen Höhenrücken hinauf, um anschließend sanft anstei-gend nach Westen ins Rohntal zu leiten. Auf etwa 1180 Meter überquert man den Rohntalbach an sein nördliches Ufer und folgt der Almstraße bis zu den Wiesen der **Rohntalalm**. An den Hütten vorbei, spuren wir nach Westen, auf einen licht bewaldeten Hang zwischen zwei markanten Bachläufen zu. Im Zickzack geht es zwischen den Bäumen hinauf zu einer Schulter und weiter nach Nordwesten in die breite Einschartung zwischen Rappenklammspitze und Hochalplkopf. Hier wenden wir uns scharf nach links und wandern über den anfangs noch breiten Kamm an den steilen Gipfelaufbau der **Rappen-klammspitze**. Dort deponieren wir die Ski und stapfen, zunächst noch links des Grates, der ausgesetzten Gipfelschneide entgegen. Einige heikle Kraxel-stellen bringen uns schließlich zum höchsten Punkt. Nach dem Abstieg ins Skidepot kurven wir längs der Aufstiegsspur nach Hinterriß zurück.

34 Schöttelkarspitze, 2050 m

Firnvergnügen im Soiernkessel

Krün – Fischbachalm – Soiernhäuser – Schöttelkarspitze

Talort/Ausgangspunkt: Krün, 875 m, im weiten Talbecken der Isar zwischen Estergebirge und Soierngruppe südlich des Walchensees gelegen. Parkmöglichkeiten am östlichen Ortsende nahe des Isarkanals bei einem Sägewerk.

Gehzeiten: Krün – Fischbachalm 1½ Std., Fischbachalm – Soiernhäuser 1¼ Std., Soiernhäuser – Schöttelkarspitze 1¼ Std.; insgesamt 4 Std.

Höhenunterschied: 1340 m.

Anforderungen: Langer und anstrengender Aufstieg. Skitechnisch relativ problemlos. Bei der Abfahrt am Anstiegsweg längerer Gegenanstieg (½ Std.) vom Hundsstall zur Fischbachalm.

Hangrichtung: Ost- bis nordseitig.

Lawinengefährdung: Nach Neuschneefällen und Windverfrachtung sind die ostseitigen Mulden über den Soiernseen häufig schneebrettgefährdet. Am sichersten bei stabilem Firn.

Orientierung: Zwar eher selten gespurt, dennoch relativ einfach zu finden, da bis in den Hundsstall eine Forststraße den Weg vorgibt.

Günstige Zeit: März – April.

Variante: Eine rasante Abfahrtsvariante – vor allem ohne Gegenanstieg – ist die Abfahrt vom Feldernkreuz durch das Schöttelkar hinab zum Anstiegsweg.

Hinweis: Kommt man im späteren Frühjahr (April – Anfang Mai) kann mit einem Mountainbike auf der Forststraße ideal bis zur Schneegrenze (meistens im Hundsstall) geradelt werden.

Selbst im Mai gibt's in den windgeschützten Mulden des Soiernkessels noch reichlich weiße Pracht für eine spritzige Figl-Tour – beispielsweise auf Schöttelkarspitze (rechts) und/oder Feldernkreuz (links).

Wenn andernorten in der Frühlingssonne schon längst die Krokusse durch das erste zarte Grün spitzen, dann leuchten die makellos weißen Wannen von Schöttelkar und Soiernkessel noch lange hinaus ins Alpenvorland.
Dann ist die schönste Zeit, um mit den Kurzskl im Gepäck vom Sägewerk in **Krün** Richtung **Fischbachalm** loszuradeln. Dazu überquert man die Isar und strampelt auf der teilweise kernig steilen Forststraße zur Alm. Oben angelangt, rollt man längs der Forststraße nach Südwesten in den Hundsstall, wo aus dem Sattel auf die Bretter umgestiegen wird. Nach Überschreiten des Fischbaches wandern wir noch ein Stückchen nach Süden talein zur Talstation der Materialseilbahn und ziehen dann in weiten Kehren den steilen Hang zu den **Soiernhäusern** hinauf. Vorbei am westlichen der beiden Soiernseen steigen wir nach Westen entweder geradewegs in die Einschartung zwischen Feldernkreuz und **Schöttelkarspitze** und nach Norden zum Gipfel oder wir erreichen den höchsten Punkt von rechts her, etwa dem Sommerweg folgend. Die Abfahrt folgt dem Anstiegsweg.

35 Hochglückscharte, 2387 m

Landschaftlicher Höhepunkt im winterlichen Karwendel

Alpengasthof Eng – Kirchl – Lärchschoaß – Westl. Hochglückscharte

Talort: Hinterriß, 928 m.

Ausgangspunkt: Alpengasthof Eng, 1218 m, ab etwa 1. Mai auf der Mautstraße durch das Rißbachtal.

Gehzeiten: Eng – Kirchl 1 Std., Kirchl – Lärchschoaß ½ Std., Lärchschoaß – Westl. Hochglückscharte 1½ – 2 Std.; insgesamt 3 – 3½ Std.

Höhenunterschied: 1170 m.

Anforderungen: In mehreren Steilstufen skitechnisch schwierig mit einem steilen Schlußanstieg (zu Fuß) in die Scharte. Bei Hartschnee muß die Querung über dem Kirchl sehr sorgfältig begangen werden.

Hangrichtung: Nord- bis nordwestseitig.

Lawinengefährdung: Sowohl in den Steilstufen als auch aus den Flanken besonders nach Neuschnee lawinengefährdet. Wegen der nordseitigen Ausrichtung nur bei stabilen Verhältnissen (Stufe 1 oder 2) zu verantworten.

Orientierung: Meistens gespurt, daher einfach. Bei Schlechtwetter nicht ratsam.

Günstige Zeit: April – Mai.

Blick vom Gamsjoch ins Hochglückkar.

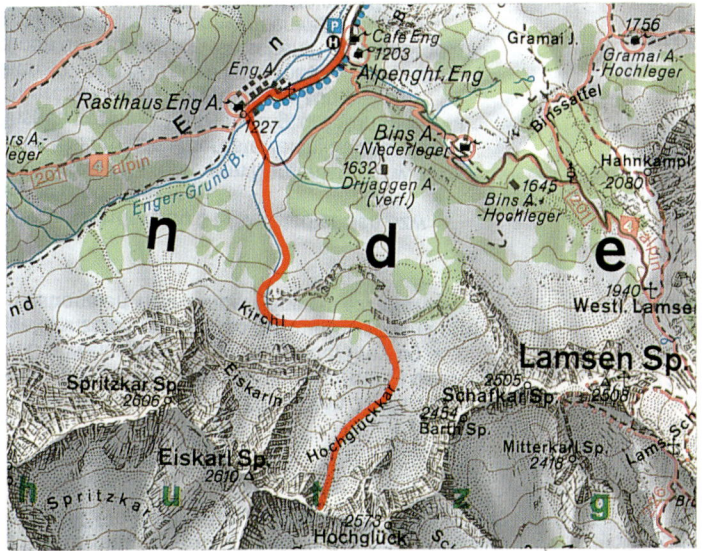

Alljährlich in den letzten Apriltagen heben sich im Rißbachtal die Schranken der winterlichen Straßensperre: Schluß ist's mit der Einsamkeit am Großen Ahornboden, für ein halbes Jahr wird der Tourismus nun wieder die postkartenschöne Landschaft überfluten. Zunächst strömen die Skitourengeher wie die Lemminge in den von himmelhohen Wänden eingefaßten Talgrund. Ihr Ziel ist das Hochglückkar: Eingerahmt von einer grandiosen Felskulisse, bietet es eine hindernislose Abfahrt ohne langen Talhatscher. So kommt es, daß man sich an schönen Maiwochenenden trotz frühmorgendlichen Aufbruches in einer langen Karawane Gleichgesinnter wiederfindet.

Sie zieht vom **Alpengasthof Eng**, vorbei am malerischen Almdörfchen, nach Südwesten in den hintersten Almboden. Rechts eines Bacheinschnittes hält man geradewegs auf die Felswände unter den Eiskarln zu, bis eine Rampe – oberhalb der linksseitigen Abbrüche des **Kirchl** – den weiteren Aufstieg nach Osten ermöglicht. Die Rampe geht allmählich in einen Hang über, der auf den Rücken des **Lärchschoaß** mündet. Nun steigt man – die Hochglückscharten bereits im Auge – nach Süden über den Rücken hinauf in den unteren, sanften Boden des **Hochglückkares**. Zunächst noch einer Steilstufe links ausweichend, steuert man direkt auf die markante Einkerbung der **Westlichen Hochglückscharte** zu, die zuletzt mit einem kurzen Fußmarsch durch eine steile Rinne erreicht wird. Die Abfahrt folgt dem Anstiegsweg.

36 Gamsjoch, 2452 m

Unterwegs im Lande Mordor – herrliche Abfahrt in großartiger Landschaft

Alpengasthof Eng – Gumpenjöchl – Gamsjoch

Talort: Hinterriß, 928 m. Busverbindung mit Lenggries.
Ausgangspunkt: Alpengasthof Eng, 1218 m, ab etwa 1. Mai auf der Mautstraße durch das Rißbach- und Enger Tal erreichbar.
Gehzeiten: Eng – Gumpenjöchl 2 Std., Gumpenjöchl – Gamsjoch (Westgipfel) 1½ Std.; insgesamt 3½ Std.
Höhenunterschied: 1330 m.
Anforderungen: Teilweise sehr steile Hänge, im Abflußgraben des Gumpenkars kurze Engstellen. Daher absolut sichere Aufstiegstechnik notwendig.
Hangrichtung: Südwest- bis ostseitig.

Lawinengefährdung: Nur bei frühzeitigem Aufbruch und rechtzeitiger Abfahrt nach kalter Nacht empfehlenswert. Ausschließlich bei sicheren Firnverhältnissen möglich, keinesfalls nach Neuschnee.
Orientierung: Bei guter Sicht unproblematisch, bei Nebel oberhalb des Gumpenjöchls schwierig.
Günstige Zeit: Ende April – Anfang Mai.
Varianten: Abfahrt über die Gumpenalm ins Laliderer Tal – Aufstieg ins Hohljoch (+ 300 Hm, 1 Std.) – Abfahrt durch den Enger Grund und längs des Enger Baches zu den Engalmen: großzügige Rundtour vor atemberaubender Kulisse.

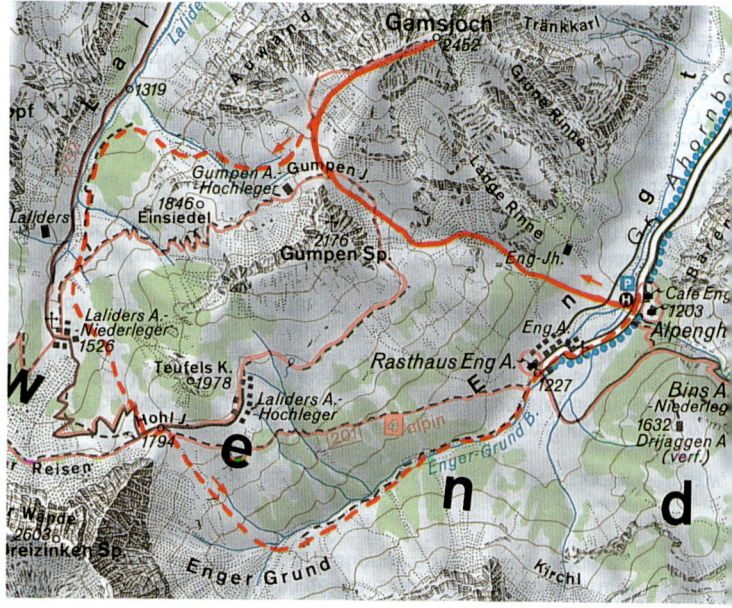

Unterhalb des Gumpenjöchls sind wir dem »Drachenschlund« entstiegen.

Wer angesichts des kollektiven Gänsemarsches im Hochglückkar auf der Suche nach Alternativen in die Eng fährt, dem sei das Gamsjoch anempfohlen, ein steiler Parade-Skiberg mit hindernisloser Abfahrt für sichere Tourengeher und gute Skifahrer.

Gleich westlich des Alpengasthofes **Eng** hält man sich zwischen zwei »Torwächtern« hinein in den Abflußgraben des Gumpenkars – früh am Tag versteht sich, denn durch diesen »Drachenschlund« gurgeln sämtliche Schneerutsche aus dem weiten Rund oberhalb. In unzähligen Serpentinen schlängelt sich die Spur durch den engen und steilen Graben hinauf ins Gumpenkar, wo sich das Gelände weitet, die Neigung deutlich abnimmt. Nach Osten hinüber geht es über das **Gumpenjöchl** an das letzte Hindernis, den sehr steilen und zu frühmorgendlicher Stunde meist auch noch beinhart gefrorenen Gipfelhang. In weiten Kehren gewinnt man jedoch rasch an Höhe und gelangt so über die allmählich sich verflachende und verjüngende Südwestabdachung zum Westgipfel des **Gamsjochs**. Oben angelangt sitzt man auf einem Logenplatz direkt gegenüber den düsteren Gemäuern der Laliderer Wände, einer Landschaft wie aus Tolkiens »Herr der Ringe«. Schauen und Staunen heißt es nun, bis der Firn reif ist für die rauschende Abfahrt in die Eng. Nur den rechten Zeitpunkt dürft Ihr nicht verpassen ...

37 Mahnkopf, 2093 m – Karwendelhaus, 1765 m

Logenplatz vor den Laliderer Wänden

Herzoglicher Alpenhof – Ladizalm – Mahnkopf – Ladizalm – Kleiner Ahornboden – Karwendelhaus

Talort: Hinterriß, 928 m. Busverbindung mit Lenggries.

Ausgangspunkt: Gasthaus Herzoglicher Alpenhof, 942 m, wenige hundert Meter östlich von Hinterriß an der Mautstelle der Straße in die Eng gelegen.

Gehzeiten: Herzoglicher Alpenhof – Ladizalm 2¼ Std., Ladizalm – Mahnkopf 1½ Std., Mahnkopf – Ladizalm – Kleiner Ahornboden 1½ Std., Kleiner Ahornboden – Karwendelhaus 1½ Std.; insgesamt 6½ – 7 Std. (Mahnkopf allein 4 Std., Karwendelhaus allein 3½ – 4 Std.).

Höhenunterschied: 1800 m (nur Mahnkopf 1200 m, nur Karwendelhaus 860 m).

Anforderungen: Die Routenkombination Rißtal – Mahnkopf – Karwendelhaus stellt sehr hohe Anforderungen an die Kondition. Skitechnisch sind die Aufstiege zu Mahnkopf und Karwendelhaus unproblematisch, einzig der steile, südseitige Gipfelanstieg zum Mahnkopf verlangt eine saubere Aufstiegstechnik, da ein Ausgleiten bei Hartschnee mit einer Hochgeschwindigkeits-Rutschpartie ins Laliderer Tal enden könnte.

Hangrichtung: Mahnkopf süd- bis westseitig, Karwendelhaus ostseitig.

Eine Frühlingstour ins Herz des Karwendel, das ist immer eine kleine Skireise in eine der großartigsten Landschaften der Nördlichen Kalkalpen. Wir haben die vorgestellten Touren 37, 38 und 39 daher als zwei- oder gar dreitägige Wochenendtour ausgearbeitet. Übernachtet wird in dem heimeligen, großzügig eingerichteten und – man staune – mit Getränken versehenen Winterraum des Karwendelhauses.

Lawinengefährdung: Der Anstieg durchs Johannestal muß früh am Morgen bewältigt werden, da die ostseitigen Rinnen von Stuhlkopf und Talelespitze häufig, besonders aber bei Erwärmung, lawinenträchtig sind. Insgesamt nur bei weitgehend sicheren Verhältnissen (Gefahrenstufe 1 oder 2) ratsam.

Orientierung: Nicht regelmäßig gespurt, dennoch relativ einfach. Bei schlechter Sicht und fehlenden Spuren zwischen Ladizalm und Mahnkopf problematisch.

Günstige Zeit: Februar – April.

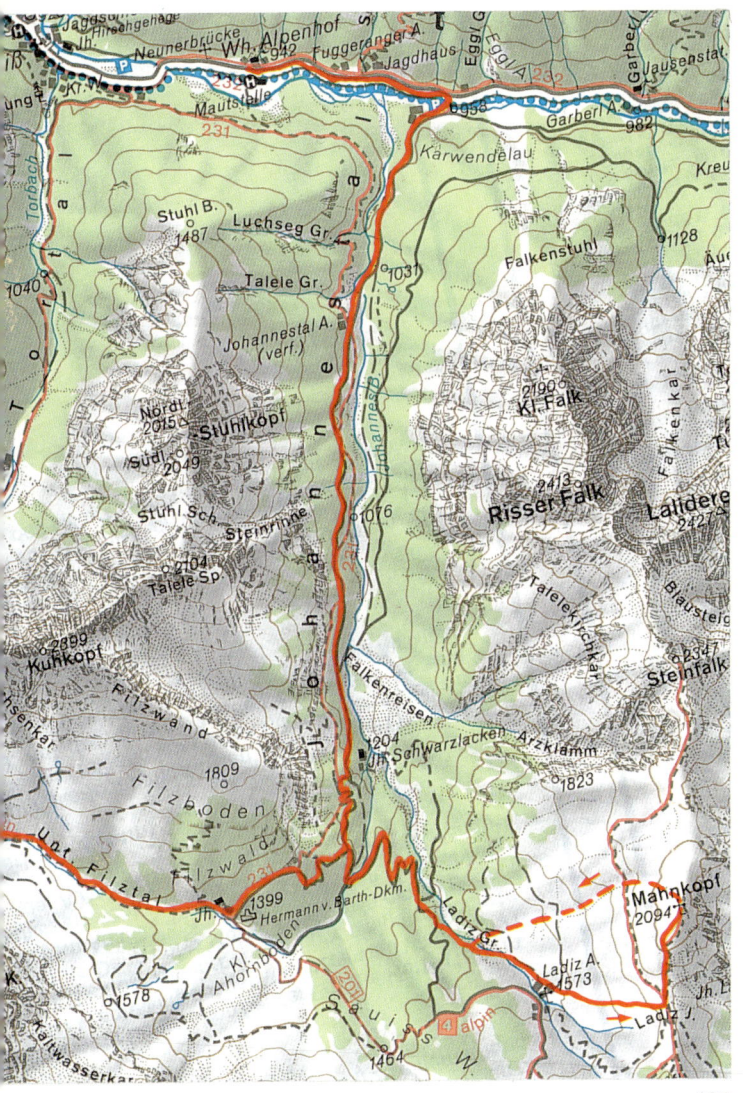

Schnüren wir also unser Ränzlein am **Herzoglichen Alpenhof** und wandern nach Osten auf der Straße in die Eng bis zur Ausmündung des Johannestales. Hier zweigt der breite Forstweg über den Rißbach hinweg ab, dem wir erst links, dann rechts des Johannesbaches durch das gesamte Tal hinein folgen – stets die großartige Kulisse der Rauhkarl-, Moserkar- und Sonnenspitze vor Augen. An der Straßenverzweigung auf etwa 1300 Metern Höhe – rechts geht es weiter zum Kleinen Ahornboden und zum Karwendelhaus – lassen wir überflüssige Ausrüstung zurück und halten uns nach links hinauf Richtung **Ladizalm**. Kurz bevor wir die freien Wiesen der Alm erreichen, mündet von rechts her der Forstweg vom Kleinen Ahornboden durch den Sauisswald ein. An den Hütten der Ladizalm vorbei steuern wir in südöstlicher Richtung das Ladizjöchl an, aus dem wir in kurzem, aber steilem südseitigen Anstieg auf den **Mahnkopf** gelangen. Empfehlenswerter als die Abfahrt am Anstiegsweg sind die tollen Westhänge hinunter zur **Ladizalm**, von der wir munter auf der Forststraße hinabkurven zum Materialdepot. Hier heißt es noch einmal die Felle aufziehen und durch die lichten Wälder längs der Forststraße in den **Kleinen Ahornboden** aufsteigen. An zwei

Allein auf weiter Flur – schon der herrliche Westhang des Mahnkopfes lohnt den langen Anmarsch durch das Johannestal.

Mitten drin im Herzen des Karwendel – Aufstieg vom Kleinen Ahornboden zum Karwendelhaus.

idyllisch gelegenen, wettergegerbten Holzhütten vorbei, wenden wir uns westwärts, um die Spur durch das schwach ausgeprägte Filztal – immer den wuchtigen Gipfelaufbau der Birkkarspitze vor Augen – in den breiten Hochalmsattel zu ziehen. Hier nehmen die Aufstiegsmühen ein Ende, denn das **Karwendelhaus** liegt nur wenige Minuten entfernt. Noch eine leicht fallende Traverse nach Westen hinüber, und wir stehen vor dem stattlichen Haus, das gleich einem Adlerhorst über dem Schlauchkargraben thront.

38 Östliche Karwendelspitze, 2537 m

Die Firnwannen des Grabenkars – eine Tour auf der Sonnenseite

Karwendelhaus – Grabenkar – Östliche Karwendelspitze

Talort: Hinterriß, 928 m.
Stützpunkt: Karwendelhaus, 1765 m. Zugang von Hinterriß (s. Tour 37) 3½ – 4 Std. Übernachtung im Winterraum.
Gehzeiten: Karwendelhaus – Östliche Karwendelspitze 2 – 2½ Std.
Höhenunterschied: 840 m.
Anforderungen: Die oberen, steilen Karmulden verlangen eine absolut saubere Aufstiegstechnik. Bei Hartschnee Abrutschgefahr. Kurzer Felsgrat zum Gipfel.
Hangrichtung: Ost- bis südseitig.
Lawinengefährdung: Nur bei ausgesprochen sicherem Firn ratsam.
Orientierung: Problemlos. Vorsicht bei schlechter Sicht auf der Gipfelabdachung.
Günstige Zeit: März – April.
Hinweis: Karte siehe Seite 106/107.

Sie haben die herbe Romantik einer Winterraum-Übernachtung auf dem **Karwendelhaus** genossen? Nun, dann gilt es jetzt anzutreten zum zweiten Streich. In der Morgenkälte kratzen wir über den hartgefrorenen Hang erst einmal nach Nordwesten hinunter in den Talgrund bei der Hochalm. Jenseits steigen wir am südseitigen Hang etwa 100 Höhenmeter gerade empor, um

Ein Meer aus Firn und Fels – die oberen Mulden des Grabenkars.

Die beiden scheinen ihren Spaß zu haben im zischenden Firn des Grabenkars.

anschließend nur wenig ansteigend nach links zur Ausmündung des **Gra-benkares** zu queren. Nun hält man sich immerzu genau nach Norden auf den scheinbaren Abschluß des Kares zu. Erst ziemlich hoch oben wird der Weiterweg offenkundig: Nach Westen einschwenkend gelangen wir über die immer steileren Hänge des oberen Kares – zuletzt in einer heiklen Querung nach links – hinaus auf die Gipfelabdachung. Dort geht's noch einmal nach rechts bis zum Skidepot unter einem Vorgipfelchen. Über dieses hinweg kraxeln wir zu guter Letzt längs des luftigen Grätchens zum höchsten Punkt der **Karwendelspitze**. Die Abfahrt hinunter zum Karwendelhaus folgt dem Anstiegsweg, ehe man über den Hochalmsattel in den Kleinen Ahornboden und durch das Johannestal zum Herzoglichen Alpenhof zurückkehrt.

39 Birkkarspitze, 2749 m

Hochalpiner Saisonabschluß für das Frühjahr

Karwendelhaus – Schlauchkar – Schlauchkarsattel – Birkkarspitze

Talort: Hinterriß, 928 m.
Stützpunkt: Karwendelhaus, 1765 m. Zugang von Hinterriß (s. Tour 37) 3½ – 4 Std. Übernachtung im Winterraum.
Gehzeiten: Karwendelhaus – Schlauchkarsattel 2½ – 3 Std., Schlauchkarsattel – Birkkarspitze ½ Std.; insgesamt 3 – 3½ Std.
Höhenunterschied: 990 m.
Anforderungen: Unterhalb des Schlauchkarsattels sehr steile Hänge, Skitragen manchmal nötig (dann evtl. Steigeisen von Nutzen). Langer Gipfelanstieg zu Fuß, Drahtseilversicherungen. Nur für erfahrene Skibergsteiger.
Hangrichtung: Nord- bis nordwestseitig.
Lawinengefährdung: Nach Neuschneefällen meist lawinengefährdet. Nur bei absolut sicherem Firn, am besten hinauf bis in den Schlauchkarsattel, ratsam.
Orientierung: Der Routenverlauf ist bei Schönwetter offensichtlich. Bei Nebel und

fehlenden Spuren gefährlich, da man leicht den falschen »Ausgang« erwischen kann.
Günstige Zeit: April – Mai.

Sie kennen die Karwendelspitze schon? Oder sind Sie gar einer jener etwas härter gesottenen Skibergsteiger, die auch vor steilsten Hängen nicht zurückschrecken und einen versicherten Gipfelanstieg als das Tüpfelchen auf dem »i« empfinden? Dann sind Sie an der Birkkarspitze gerade richtig. Aber keine Angst, auch die Genießer können zur Maienzeit in den traumhaften Wannen des Schlauchkars noch auf ihre Kosten kommen, wenn sie sich nicht unbedingt das Erreichen des Gipfels zum Ziel gesetzt haben.
Gleich hinter dem **Karwendelhaus** steigen wir, die Ski auf dem Buckel, längs des Sommerweges zwischen den Lawinenverbauungen hinauf und queren oberhalb leicht ansteigend nach Süden hinein ins **Schlauchkar.** Ziemlich genau in Fallinie des Hochalmkreuzes ist der Karboden erreicht, über den wir nun in südöstlicher Richtung gleichmäßig an Höhe gewinnen. Auf etwa 2350 Meter Höhe knickt das Kar allmählich nach Süden ein, gleichzeitig nimmt die Hangneigung immer mehr zu. Mit jeder Menge Serpentinen schlängelt sich die Spur bei guten Verhältnissen hinauf in den **Schlauchkarsattel** – bei fehlender oder vereister Spur und mangelnder Erfahrung trägt man die Bretter besser hinauf oder verzichtet eben auf das letzte Stück. Im Sattel angelangt, werden Gipfelsammler natürlich nicht umhin können, über den im Frühjahr schon teilweise ausgeaperten Sommerweg längs der

Beim Aufsstieg durchs Johannestal zum Karwendelhaus wirkt die wuchtige Birkkar-spitze noch völlig unnahbar.

Drahtseile nach Osten auf den höchsten Punkt der **Birkkarspitze** hinaufzu-turnen. Die Abfahrt hinunter zum Karwendelhaus folgt dem Anstiegsweg, ehe man über den Hochalmsattel in den Kleinen Ahornboden und durch das Johannestal zum Herzoglichen Alpenhof zurückkehrt.

40 Pleisenspitze, 2567 m

Aussichtskanzel über der jungen Isar

Scharnitz – Pleisenhütte – Pleisenspitze

Talort/Ausgangspunkt: Scharnitz, 964 m, sommers wie winters verkehrsreicher Grenzort zwischen Bayern und Tirol, südlich von Mittenwald gelegen. Günstige Bahnverbindungen nach Garmisch-Partenkirchen, München und Innsbruck. Parkmöglichkeiten (Parkschein!) an der Ausmündung der Isar aus dem Hinterautal, von der Kirche in östlicher Richtung durch die Hinterautalstraße erreichbar.
Stützpunkt: Wer den langen Anstieg auf zwei Tage verteilen möchte, findet in der privaten Pleisenhütte, 1757 m, unterhalb des Vorderkars Unterkunft – von Scharnitz 2½ Std. Ab Silvester an Wochenenden und Feiertagen bewirtschaftet, Tel. (A)-05213/5491.

Gehzeiten: Scharnitz – Pleisenhütte 2½ Std., Pleisenhütte – Pleisenspitze 2½ Std.; insgesamt 5 Std.
Höhenunterschied: 1600 m.
Anforderungen: Lange und anstrengende Tagestour. Evtl. steiler Gipfelanstieg, ansonsten nur mäßig schwierig.
Hangrichtung: Süd- bis südwestseitig.
Lawinengefährdung: Besonders nach Neuschneefällen und bei starker Tageserwärmung mitunter lawinengefährdet.
Orientierung: Dank der meist vorhandenen Spuren einfach. Bei schlechter Sicht oberhalb der Pleisenhütte problematisch.
Günstige Zeit: Januar – März.
Variante: Normalanstieg über den Hinteren Pleisengrat.

»Lang und anstrengend«, so das allgemeine Urteil über die Skitour auf die »Pleis« ... wäre da nicht auf halbem Wege die wegen ihres Erbauers und einstigen Hüttenwirtes weit über das Karwendel hinaus bekannte Pleisenhütte, in der es sich vortrefflich einkehren läßt. Allein schon die sonnig und aussichtsreich gelegene Hütte lohnt den langen Weg von Scharnitz herauf.
Um über einen Hüttenbesuch hinaus den Skigenuß etwas mehr in den Vordergrund zu stellen, wollen wir den allgemein üblichen Gipfelanstieg über den Hinteren Pleisengrat in diesem Führer ausnahmsweise als Variante abhandeln. Die Route über den Grat ist ohnehin so regelmäßig frequentiert und naturgegeben, daß sie eigentlich keiner Beschreibung bedarf. Zudem ist der

Grat oft grausig verblasen. Wer also auf den Gipfel verzichten kann und lieber im zischenden Firn seine Girlanden zieht, dem sei das zwischen Vorderem und Hinterem Pleisengrat eingelagerte Vorderkar ans Herz gelegt. Am östlichen Ortsende von **Scharnitz** folgen wir also dem Lauf der jungen Isar an ihrem nördlichen Ufer auf einem Fahrweg nach Osten, bis nach gut einer Viertelstunde links der beschilderte Forstweg Richtung Pleisenhütte abzweigt. Immer längs dieses Sträßchens geht es nun hinauf bis zu einer Jagdhütte, wo es in einer Rechtsschleife den Wasserlegraben durchquert. Gleich jenseits dieser Geländefalte kann man (bei niedriger Schneelage) auf der Forststraße bleiben oder (bei hoher Schneelage) ziemlich steil durch den Wald hinauf mehrere Serpentinen abkürzen. Auf etwa 1340 Meter Höhe trifft man wieder auf die Forststraße, die sich nun in mehreren Schleifen emporschlängelt, um schließlich weit nach rechts zum Vorderen Pleisengrat zu queren. Rum ums Eck, und schon steht man vor der **Pleisenhütte**.
Nach Nordosten hinauf gelangt man ins Vorderkar, durch das man nach Norden bis unter den Gipfelaufbau ansteigt. Auf gut 2300 Meter Höhe geht es mit Ski nicht mehr weiter. Wer noch unbedingt auf die **Pleisenspitze** will, der kann über die steile Südwestflanke zum Gipfel stapfen. Genießer allerdings werden ausgiebig Siesta halten, ehe sie im butterweichen Firn zur Hütte und, so manche Kehre abkürzend, ins Isartal hinabschwingen.

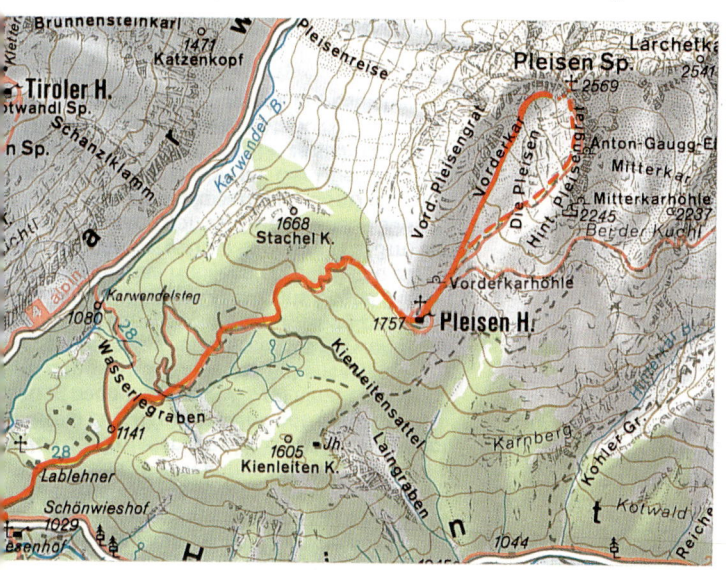

41 Alpspitze, 2629 m

Garmischer Geometrielehre – Frühjahrs-Klassiker für Skibergsteiger

Bergstation Osterfelder – Talstation Bernadeinlift – Stuibensee – Alpspitze

Talort: Garmisch-Partenkirchen, 700 m. Von München sehr günstig mit der Bahn zu erreichen. Bahn-, Bus- und Taxiverbindung zur Talstation der Osterfelderbahn.
Ausgangspunkt: Bergstation Osterfelderbahn, 2020 m.
Gehzeiten: Talstation Bernadeinlift – Stuibensee 1½ Std., Stuibensee – Alpspitze 2 Std.; insgesamt 3½ Std.
Höhenunterschied: 1120 m.
Anforderungen: Langer, teilweise ausgesetzter Gipfelgrat mit Drahtseilversicherungen. Sehr steiler Gipfelhang – nur für sehr gute Skifahrer.
Hangrichtung: Ostseitig.

Lawinengefährdung: Nur bei sicherem Firn ratsam, keinesfalls nach stärkeren Neuschneefällen oder gar Windverfrachtung.
Orientierung: Häufig gespurt, daher recht einfach. Bei fehlenden Spuren und schlechter Sicht zwischen Stuibensee und Gipfel problematisch.
Günstige Zeit: März – April.
Varianten: Für Spätaufsteher Stuibenkopf und Mauerschartenkopf (1½ Std. vom Bernadeinlift). Bei schlechten Verhältnissen am Gipfelhang der Alpspitze ist die Grieskarscharte (3 Std.) skifahrerisch sehr viel genußreicher.

Über gut 300 Höhenmeter müssen die Ski zum Gipfel getragen werden, erwägt man die Abfahrt über den sehr steilen Gipfelhang (rechts teilweise sichtbar).

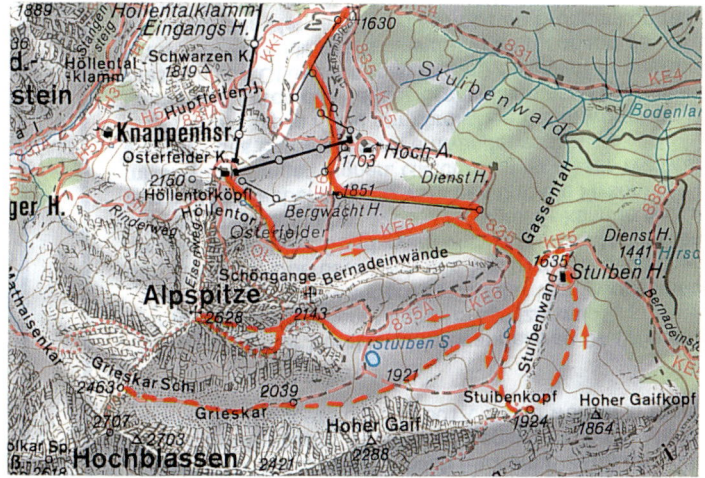

Zu den absoluten Klassikern der Münchner Frühjahrs-Skiziele zählt seit alters her die Alpspitze. Wie am Reißbrett gezogen überragt ihr dreieckiger Gipfelaufbau die Wintersportmetropole Garmisch-Partenkirchen.

Aus der Talperspektive wirkt sie allerdings noch ziemlich unnahbar. Selbst nach der Auffahrt zum **Osterfelder** kann man sich noch keinen Reim auf eine skitourentaugliche Aufstiegsroute machen. Der Einstieg erfolgt sozusagen durch ein Hintertürchen, nach einer Abfahrt zur Talstation des **Bernadeinliftes**. Längs der Markierung zur Stuibenhütte zieht die Spur durch ein Waldstück nach Osten, bis eine erste Lichtung den Blick auf das gedrungene Gemäuer der Stuibenwand freigibt. In einem Tälchen biegt man nach Süden ein und folgt für kurze Zeit dem Talverlauf. Schon auf etwa 1600 Meter Höhe hält man sich nach Südwesten, um über ideales Skigelände zum **Stuibensee** aufzusteigen. Rechts ausholend wird nun eine Steilstufe in einem Tälchen umgangen, worauf man nach Westen ins Oberkar und im Bogen nach links auf eine deutliche Schulter im Ostsüdostgrat der **Alpspitze** gelangt. Hier muß man sich nun entscheiden, ob man die Ski deponiert oder auf dem langen Gipfelanstieg mitnimmt – die Abfahrt über den steilen und sich nach unten hin zwischen Schrofen verengenden Gipfelhang sollten sich jedenfalls nur sehr gute Skifahrer bei sicherem Firn zutrauen. Eines allerdings werden Steilhangspezialisten und Fußgänger bei klarer Sicht gemeinsam genießen: den grandiosen Ausblick über das gesamte Werdenfelser Land hinaus bis zum Starnberger See. Die Abfahrt bis zum Bernadeinlift folgt dem Anstiegsweg, und über die Pisten geht's hinab nach Garmisch.

42 Hohe Munde, 2592 m

Spitzkehren-Festival über der Leutasch

Leutasch-Moos – Rauthhütte – Hohe Munde (Ostgipfel)

Talort/Ausgangspunkt: Leutasch-Moos, 1170 m. Talstation des Sesselliftes zur Rauthhütte.
Gehzeiten: Moos – Rauthhütte 1 – 1¼ Std., Rauthhütte – Hohe Munde 2½ – 3 Std.; insgesamt 3½ – 4½ Std.
Höhenunterschied: 1430 m.
Anforderungen: Durchwegs steiler und anstrengender Aufstieg. Stellenweise ausgesetzt über Felsabbrüchen, daher nur für

absolut sichere Tourengeher. Ausrutscher können fatale Folgen haben.
Hangrichtung: Ost- bis südostseitig.
Lawinengefährdung: Ausgesprochene Frühjahrstour für sicheren Firn. Im Hochwinter häufig schneebrettgefährdet.
Orientierung: Bei guter Sicht relativ einfach, bei Nebel und ohne Aufstiegsspur sehr schwierig und gefährlich.
Günstige Zeit: Ende Februar – April.

Die prallen Osthänge der Hohen Munde versprechen eine rauschende Steilabfahrt ohne jedes Flachstück. Zweierlei Voraussetzungen müssen jedoch unbedingt erfüllt sein: Einerseits braucht man sicheren Schnee, bester Firn ist gerade gut genug, andererseits müssen die Munde-Aspiranten absolut sicher auf ihren Brettern stehen.
Zu Fuß von **Moos** entlang der Pisten oder mit dem allerersten Sessellift erreicht man die **Rauthhütte**. An ihr vorbei geht es zunächst längs eines schmalen Karrenweges durch hügeliges Gelände in nordwestlicher Richtung noch sanft aufwärts. In etwa 1800 Meter Höhe biegt man vor den immer steiler werdenden Hängen nach Südwesten ein und gewinnt auf Rampen, Rippen und Flanken relativ rasch an Höhe. Mit der Zeit umrundet man trotz stetem Hin und Her den Berg auf seine südöstliche Flanke hinüber, wo sich plötzlich ein für eine Skitour ungewöhnlich luftiger Tiefblick hinab ins Inntal auftut. Ab hier ist Ausrutschen verboten. Mit einigen heiklen Querungen und in zahlreichen Serpentinen über kurze Steilstufen hinaufschlängelnd gelangen wir schließlich auf den Ostkamm und über einen letzten Steilhang auf das Gipfelplateau der **Hohen Munde**. Die Abfahrt folgt dem Aufstiegsweg.

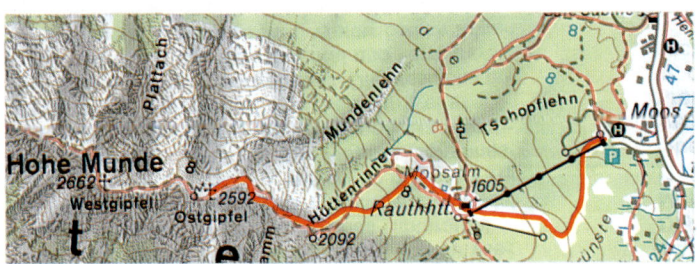

Am Gipfelhang der Hohen Munde – Abfahrtsvergnügen hoch über dem Inntal.

43 Igelsscharte, 2083 m

Firnspaß gegenüber den Kalkmauern des Wetterstein

Bergstation Ehrwalder Almbahn – Igelsee – Igelskar – Igelsscharte

Talort: Ehrwald, 1000 m. Günstige Bahnverbindung mit Garmisch-Partenkirchen und München.

Ausgangspunkt: Bergstation der Ehrwalder Almbahn, 1490 m.

Gehzeiten: Bergstation Ehrwalder Almbahn – Igelsee ½ Std., Igelsee – Igelsscharte 1¼ – 1½ Std.; insgesamt knapp 2 Std.

Höhenunterschied: 630 m.

Anforderungen: Bis zum Igelsee bequemer Forstweg. Im Igelskar mäßig steile Hänge mit steilem Ausstieg in die Scharte.

Hangrichtung: Ost- bis nordseitig.

Lawinengefährdung: Vor allem aus den angrenzenden Flanken der Igelsköpfe und des Breitenkopfes lawinenbedroht. Im Igelskar nach Neuschneefällen, besonders mit Windverfrachtung, schneebrettgefährdet. Daher nur bei weitgehend sicherem Lawinenlagebericht (Stufe 1 oder

2) anzuraten. Am sichersten – und schönsten – in den Frühjahrsmonaten bei Firn.

Orientierung: Nicht regelmäßig gespurt, dennoch bei guter Sicht relativ einfach. Bei schlechter Sicht und fehlenden Spuren abzuraten.

Günstige Zeit: Februar – April.

Varianten: Anstatt des Aufstieges in die Igelsscharte (oder danach) kann man aus dem flachen Karboden auch Richtung Süden und Südosten in den hintersten Karwinkel unter dem Hochplattig aufsteigen (maximal bis auf 2260 Meter Höhe) – nur bei ganz sicheren Verhältnissen, selten verspurte Abfahrt. Nach dem Aufstieg durchs Igelskar kann man zudem aus der Scharte nach Westen ins Brendlkar abfahren – hübsche Rundtour. Ein Abstecher ins Vordere Tajatörl (1 Std.) setzt dieser Umrundung des Vorderen Igelskopfes die Krone auf.

Wer erstmals für eine Skitour von Norden in die Mieminger Kette kommt, der wird sich in Ehrwald zunächst ziemlich verblüfft die Augen reiben. Die wild gezackten Grate und steil aufragenden Felsberge wirken so unnahbar, daß an eine genußreiche Skitour vorerst kaum zu denken ist. Doch spätestens eine Etage höher, bei der Auffahrt mit der Ehrwalder Almbahn verfliegen auch die geringsten Zweifel: Der Blick wird nacheinander frei auf drei herrliche Kare, die in der Märzsonne oder auch erst um Ostern die herrlichsten Firnfreuden bescheren.

An der **Bergstation der Ehrwalder Almbahn** wählen wir, sozusagen als Einstieg, mit dem Igelskar ganz links außen die kürzeste, aber skifahrerisch rasanteste Firnwanne. Vorbei an einem Gasthaus ziehen wir auf dem Forstweg ziemlich flach nach Osten hinein in das Tal des Geißbaches. In der Gegenrichtung geht es längs des »Knappensteiges« aus dem Bachgraben wieder hinaus und auf den Scheitelpunkt eines Höhenrückens. Dort ziehen wir die Felle ab und kurven durch den schütteren Wald nach Süden hinab in den Boden des **Igelsees**. Nun heißt es kurz »Langlaufen«, um südlich am See vorbei einen markanten Graben anzusteuern, der aus dem **Igelskar** herabzieht. Dieses Kanonenrohr vermittelt den Einstieg ins Kar, bis eine steilere Schrofenzone zu einem Ausweichmanöver zwingt. Entweder auf einer ausgeprägten Rampe rechts oder über die weitläufigeren Hänge auf der linken Seite spuren wir so in die oberen flacheren Karböden hinauf. Dort schwenken wir allmählich nach Westen ein und nähern uns der markanten Kerbe der **Igelsscharte**, die wir zu guter Letzt über einen immer steileren und schmäleren Hang erreichen. Der Weiterweg zum Vorderen Igelskopf durch eine etwa 50 Grad steile Rinne mit Felsstellen bis III kann wirklich nur eingefleischten Winterbergsteigern mit viel Gefühl für dieses heikle Gelände empfohlen werden. Genußtourengeher werden ihr »Gipfelpäuschen« in der Scharte einlegen und entweder am Anstiegsweg abfahren oder ins Brendl-kar hinüberwechseln und so den Vorderen Igelskopf umfahren. In beiden Fällen wartet jedoch der Gegenanstieg zum Höhenrücken über dem Igelsee, ehe man zu den Pisten quert und nach Ehrwald hinabwedelt.

44 Grünstein-Umfahrung, 2272 m

Mieminger Skisafari

Marienbergjoch – Hölltörl – Grünsteinscharte – Hinteres Tajatörl – Ehrwald

Talorte: Biberwier, 991 m, und Ehrwald, 1000 m. Bahnverbindung mit Garmisch-Partenkirchen. Busverbindung Ehrwald – Biberwier.

Ausgangspunkt: Bergstation der Biberwierer Liftanlagen am Marienbergjoch, 1840 m.

Gehzeiten: Marienbergjoch – Hölltörl 1 Std., Hölltörl – Höll – Grünsteinscharte 2 Std., Grünsteinscharte – Hinteres Tajatörl 20 Min.; insgesamt 3½ Std. Aufstiege. Durch das mehrmalige An- und Abfellen sowie ständiges Auf und Ab tagesfüllende Unternehmung.

Höhenunterschiede: 900 m im Aufstieg, 1500 m in der Abfahrt.

Anforderungen: Anstrengende Rundtour mit langer Hangquerung. Enge und steile Einfahrt ins oberste Drachenkar.

Hangrichtung: Alle Expositionen.

Lawinengefährdung: Nach Neuschnee-fällen mit Windverfrachtung schneebrett-gefährdet. Überhaupt erst bei sicherem Firn ratsam.

Orientierung: Bei schlechter Sicht und fehlender Spur sind die Querung ins Hölltörl und die Abfahrt durchs Brendlkar schwer zu finden. Bei guter Sicht einfach.

Günstige Zeit: Februar – April.

Varianten: Abfahrt von der Grünstein-scharte durch das Drachenkar und vorbei an der Coburger Hütte. Abstecher aufs

Die Umfahrung des Grünstein-Massivs ist eine ganz besondere Skitour, wie es nur ganz wenige gibt: nicht einfach rauf und runter auf demselben Weg, nein, diese Rundtour lädt ein zu einer kleinen Skisafari um einen wuchtigen Gipfel mit ständig wechselnden Eindrücken und Panoramen.

Vordere Tajatörl. Aufstieg aus dem Brendlkar in die Igelsscharte und Abfahrt durchs Igelskar.

Hat man mit den Bieberwierer Liften erst einmal zähneklappernd das **Marienbergjoch** erreicht und die Felle aufgezogen, gerät der Aufstieg nach Osten hinüber ins **Hölltörl** rasch zum Aufwärmspaziergang. In stets gleichbleibender Richtung quert man, mal steiler, mal flacher, die sonnenreichen Südhänge unter dem Grünstein in den längst sichtbaren Sattel.

Dort verschwinden die Felle im Rucksack, und es folgt ein in aller Regel himmlisches Vergnügen – die Abfahrt in die Höll, deren windgeschützte

Abfahrt in die Höll – einfach himmlisch.

Mulden den flaumigen Pulver meist länger konservieren als anderorten. Im Talboden werden die Felle wieder ihrer Bestimmung zugeführt, und es geht nach links, in nördlicher Richtung, durch die Höllreisse der Grünsteinscharte entgegen. Die südseitigen Karwannen können, überragt von den Felsflanken des Grünsteins und der Griesspitzen, leicht das Ambiente einer Dolomiten-Skitour vermitteln.

In der schmalen Lücke der **Grünsteinscharte** angelangt, hat man beinahe alle Aufstiegsmühen hinter sich. Durch eine enge Rinne heißt es nun seitwärtsrutschend in das oberste Drachenkar abfahren. Hier nun scheiden sich die Geister: Weil die klassische Umfahrung über die Coburger Hütte mit einer langen, flachen Querung unter dem Vorderen Tajakopf aufwartet, queren echte Skigourmets nach Nordosten leicht ansteigend in das Hintere Tajatörl.

Hier eröffnet sich nun mit dem Brendlkar ein paradiesisches Abfahrtsvergnügen, in dem sich Idealhang an Idealhang reiht. Zuerst in nordöstlicher Richtung, dann an einer Geländekante nach Norden einschwenkend, kurvt man hinab zum Brendlsee. Über einer markante Karschwelle hinweg, wedelt man noch einmal auf herrlichen Steilhängen hinab zu dem breiten Forstweg (Loipe), der von oberhalb der Seebenwände aus westlicher Richtung herüberzieht.

Der langgezogene, flache Gegenanstieg oberhalb des Igelsees nach Nordosten leitet über einen wenig ausgeprägten Hügel hinüber ins Ehrwalder Skigebiet, über dessen Pisten sich diese Rundtour ihrem Endpunkt an der Talstation der **Ehrwalder Almbahn** neigt.

Ende eines langen Tages – die Wetterwand von der Ehrwalder Alm.

45 Hochwannig, 2493 m

Nomen est omen – der »Wannig« hat seinen Namen nicht von ungefähr

Marienbergjoch – Wannigkar – Hochwannig

Talort: Biberwier, 991 m, an der Fernpaß-Bundesstraße gelegen.

Ausgangspunkt: Bergstation der Biberwierer Liftanlagen am Marienbergjoch, 1840 m.

Gehzeiten: Marienbergjoch – Wannigkar – Hochwannig 3 Std.

Höhenunterschied: 900 m.

Anforderungen: Der Anstieg durchs Wannigkar beginnt zunächst recht sanft, steigert sich dann aber hinsichtlich der Steilheit der Hänge immer mehr, bis hin zu einer extrem steilen Ausstiegsrinne auf den Grat (Hangneigung etwa 45 Grad), unter der die Ski deponiert werden.

Hangrichtung: Nord- bis ostseitig.

Lawinengefährdung: Nach Neuschneefällen (vor allem mit Windverfrachtung) häufig schneebrettgefährdet; zudem aus den links angrenzenden Flanken der Handschuhspitzen lawinenbedroht.

Orientierung: Einmal im Kar angelangt, was an sich kein Problem darstellen sollte, führen alle Wege nach oben. Dennoch besteht bei schlechter Sicht und fehlenden Spuren durchaus die Möglichkeit, die Ausstiegsrinne zu verpassen.

Günstige Zeit: März – April, eventuell auch noch im Mai. Dann allerdings kann keine Lifthilfe mehr in Anspruch genommen werden; sind die Lifte außer Betrieb, beginnt der Anstieg an einem Forstweg knapp nördlich des Weißensees am Zubringer von Biberwier zur Fernpaß-Bundesstraße (gut 1400 Höhenmeter, 3½ – 4½ Std., Ski weit zu tragen).

Vielleicht mag es ja Skifahrerlatein sein, aber der Hochwannig trägt seinen Namen wohl wirklich nicht umsonst. Denn wer einmal von Ehrwald oder Lermoos dem Fernpaß entgegenfuhr, der wird mit glänzenden Augen in die großartigen Wannen und Mulden des Wannigkars geschaut haben ... und den Namen des Berges mit einem großen Ausrufezeichen in seine Skitouren-Wunschliste geschrieben haben. Selbst im Mai leuchten die Hänge noch in makellosem Weiß herab. Dann allerdings muß man sich die Einsamkeit mit einem langen und schweißtreibenden Anstieg vom Weißensee aus mühsam erarbeiten.

Wir allerdings wählen eine etwas frühere Jahreszeit, etwa gegen Ostern, um uns dem Wannigkar viel gemütlicher zu nähern. In einem bequemen Drahtseilakt schweben wir mit den Biberwierer Liften hinauf unter das **Marienbergjoch**, um an der Talstation eines Schleppliftes vorbei durch eine Lichtung zum Ausgang des **Wannigkares** abzufahren. Von hier ziehen wir, bar aller Orientierungsprobleme stets dem Karboden folgend, über die immer steileren Hänge dem Gipfelaufbau entgegen. Dort schwenken wir allmählich nach Süden ein und gelangen, zuletzt in engen Serpentinen, ins Skidepot unter der enorm steilen Ausstiegsrinne. Bei guten Verhältnissen folgen wir den tiefen Stapfen durch die Rinne auf den Ostgrat und gehen in wenigen Schritten nach Westen hinüber zum Gipfel des **Hochwannig**. An diesen letzten Anstieg mag sich aber wirklich nur der wagen, der absolut

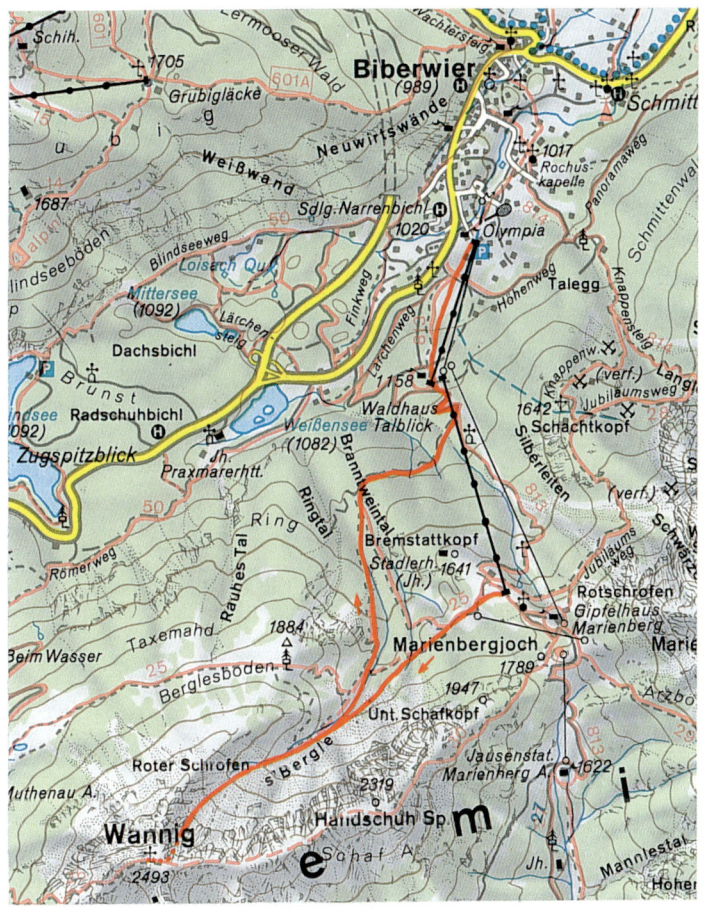

sicher auf seinen Beinen steht, denn ein Sturz würde gewiß in einer allzu
rasanten Rutschpartie enden.

Ans Skidepot zurückgekehrt, wenden wir uns dem entspannteren Teil der
Tour zu und schwelgen über die Traumhänge hinab bis zum Karausgang,
wo wir nach Norden in ein Tälchen einschwenken. In etwa 1300 Meter Höhe
treffen wir auf ein Sträßchen, das nach Osten ins Pistengebiet führt.

46 Scheinbergspitze, 1926 m

Ein Skiberg für alle Fälle

Graswangtal – Hundsfällgraben – Scheinbergspitze

Talort: Linderhof, 943 m, im hinteren Graswangtal gelegen.

Ausgangspunkt: Parkplatz am Ausgang des Sägertales, 980 m, etwa 2 km westlich des Zollhauses von Linderhof.

Gehzeiten: Graswangtal – Hundsfällgraben ¾ Std., Hundsfällgraben – Scheinbergspitze 2 – 2¼ Std.; insgesamt 3 Std.

Höhenunterschied: 950 m.

Anforderungen: Oberhalb des Hundsfällgrabens mäßig steile Hänge im lichten Wald. Der drahtseilversicherte Gipfelaufbau verlangt Trittsicherheit.

Hangrichtung: Nordost- bis ostseitig.

Lawinengefährdung: Ein Großteil des Aufstieges verläuft im lichten Wald und auf einem ausgeprägten Rücken. Nur bei extremen Verhältnissen gefährdet.

Orientierung: Denkbar einfach, da die Tour ab dem Hundsfällgraben bis zum Nordostkamm mit grünen Markierungen für den Aufstieg und roten Pfeilen für die Abfahrt gekennzeichnet ist.

Günstige Zeit: Januar – März.

Varianten: Bei hoher Schneelage Abfahrt vom Skidepot durch das ostseitige Scheinbergkar bis etwa 1500 Meter Höhe (keinesfalls nach Neuschneefällen und Windverfrachtung); von dort Gegenanstieg nach links über freie Hänge und durch lichten Wald zur Aufstiegsroute am Nordostkamm (+ 200 Hm, 45 Minuten).

Der Schein trügt nicht – die gleichnamige »Bergspitze« birgt eine Skitour für alle Fälle. Selbst bei Schlechtwetter weisen farbige Markierungen den rechten Weg zum Gipfel und ins Tal. Zudem sind die lichten Waldhänge nur bei wirklich extremen Verhältnissen lawinengefährdet. Das hat sich in Insiderkreisen natürlich herumgesprochen, und so wird man die Scheinbergspitze bestenfalls unter der Woche für sich allein haben.

Am Parkplatz im **Graswangtal** überquert man die Linder, um gleich dahinter auf einen Forstweg abzuzweigen, der sich, über den Sägertalbach hinweg, an einem breiten Waldrücken emporschlängelt. Jenseits der Brücke im markanten **Hundsfällgraben** verlassen wir das Sträßchen nach rechts und halten uns auf einem Hohlweg südlich oberhalb des Baches solange nach

Westen, bis uns die grünen Markierungen durch lichten Hochwald auf den Nordostkamm der Scheinbergspitze leiten. In einer schmalen Lichtung folgen wir dem Kamm nach Westen in freies Gelände und nähern uns auf dem aussichtsreichen Rücken dem Gipfelaufbau der **Scheinbergspitze**. Dort deponieren wir die Brettl und kraxeln entlang der Drahtseile auf den höchsten Punkt. Während Grün die Farbe des Aufstiegs war, halten wir uns bei der Abfahrt an die roten Pfeile des »alpinen Verkehrsleitsystems«.

Klettermaxens Winterspaß: Am pyramidenförmigen Gipfelaufbau der Scheinberg-spitze ist eine kurze und anregende Kraxelei an Drahtseilen angesagt.

47 Hochplatte, 2082 m

Auf König Ludwigs Spuren im Ammergau – kompliziert und doch genußreich

Graswangtal – Lösertaljoch – Hochplatte

Talort: Linderhof, 943 m, im hinteren Graswangtal gelegen.

Ausgangspunkt: Parkplatz am Ausgang des Sägertales, 980 m, etwa 2 km westlich des Zollhauses von Linderhof.

Gehzeiten: Graswangtal – Lösertaljoch 2¼ Std., Lösertaljoch – Hochplatte 2 Std.; insgesamt 4 – 4½ Std.

Höhenunterschied: 1180 m.

Anforderungen: Lange und anstrengende Skitour mit hohen Anforderungen an die Kondition (Gegenanstieg). Die schmale Querung des Hasentalgrabens erfordert eine saubere Aufstiegstechnik. Vor

dem Gamsangerl geht es über ein schmales Gratstück (versichert).

Hangrichtung: Südost- bis nordostseitig.

Lawinengefährdung: Mitunter lawinengefährdet; neuralgische Punkte: Hasen- und Lösertalgraben sowie das Schlössel.

Orientierung: Bei vorhandenen Spuren (häufig) relativ einfach. Ohne Spuren ist sachgerechter Umgang mit der Karte gefragt, da der Anstieg sehr verwickelt ist.

Günstige Zeit: Januar – März.

Variante: Aus dem Sägertal kann über steile Südwesthänge auch der Feigenkopf erreicht werden (3 Std.).

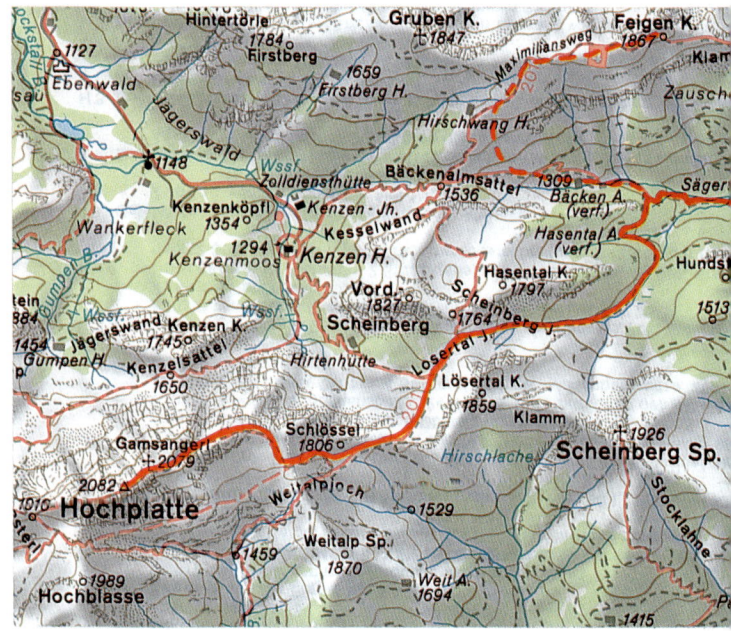

130

Fast genau in der Mitte zwischen Linderhof und Neuschwanstein liegt in des Märchenkönigs einstigem Jagdrevier die Hochplatte. Mittlerweile zählt sie trotz ihres komplizierten Anstieges zu den Klassikern im Ammergau, denn so verwickelt die Route verläuft, so abwechslungsreich ist sie auch.

Am Parkplatz im **Graswangtal** überqueren wir also die Linder auf der Windirschbrücke nach Nordwesten und wandern gemütlich auf der Forststraße rechts neben dem Bach ins Sägertal hinein. An seinem Ende geht's in zwei Serpentinen durch dichten Wald steiler empor, bis noch vor der Bäckenalm nach links der bezeichnete, schmale Weg zur Hochplatte abzweigt. Ums Eck herum wird es das erste Mal ernst: Nach Süden hin ist der steile und scharf eingeschnittene Hasentalgraben – eine Lawinenrutsche allererster Güte – zu queren. Im Lösertalgraben angekommen, steigen wir an einem Marterl vorbei durch eine Lücke im Zaun in den weiten Kessel nördlich unter der Scheinbergspitze. Zunächst noch rechts des Lösertalbaches gewinnen wir im lichten Hochwald an Höhe, ehe es an einer Engstelle die Bachseite zu wechseln gilt. Durch die von den Felsflanken des Hasental- und Lösertalkopfes umrahmte Mulde gelangen wir nun ins **Lösertaljoch**.

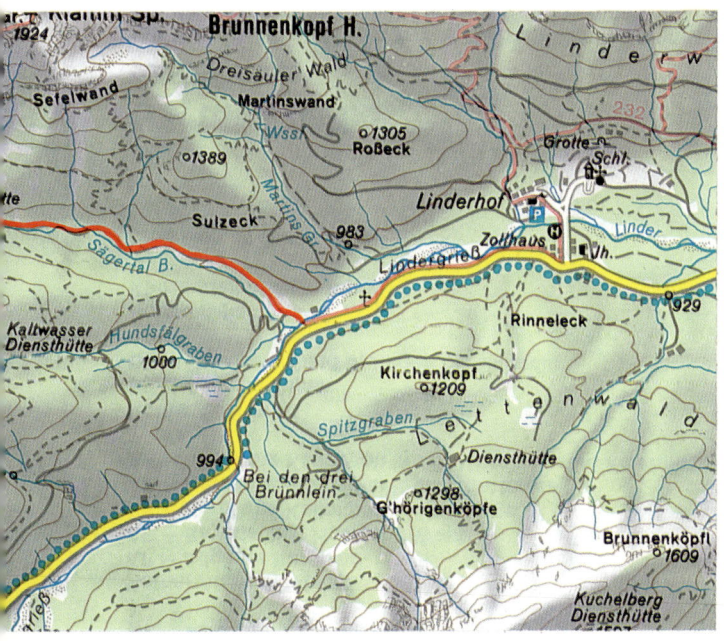

Jenseits leitet eine kurze Abfahrt hinab ins »Beinlandl«, aus dem wir nach Südwesten hinauf ein Schärtchen östlich des Schlössels erreichen. Nun queren wir sanft ansteigend den steilen Südhang in eine weitere Scharte westlich des Schlössels. Nördlich des Höhenrückens liegt nun der »Wilde Freithof« vor uns, eine gewellte Fläche, über die wir nach Westen an den »Skigipfel« der Hochplatte gelangen. In einigen Serpentinen geht es über einen Steilhang hinauf zum Grat, wo vor den Drahtseilversicherungen die Ski erst einmal auf den Rucksack geschnallt werden. Über den scharfen Kammverlauf stapfen wir nach Westen in die sanfte Mulde des Gamsangerls und aus ihr – noch ein Stück mit Ski – dem Gipfelaufbau der **Hochplatte** entgegen. Über den Ostgipfel hinweg steht zu guter Letzt noch eine anregende Kraxelei am scharfen Grat hinüber zum Hauptgipfel an.
Die Abfahrt folgt im großen und ganzen der Aufstiegsroute.

Links im Bild die »Schlüsselstelle«, ein kurzes, etwas schmales und drahtseilversichertes Gratstück vor dem Gamsangerl, im Hintergrund die Hochplatte.

Rund ums Gamsangerl gibt's als Zugabe einige namenlose »Skigipfel«.

48 Kleines Pfuitjöchl, 2135 m

Kein Flachstück, kaum Wald, kein Talhatscher – Firngenuß vom Allerfeinsten

Bahnhof Lähn – Kleines Pfuitjöchl

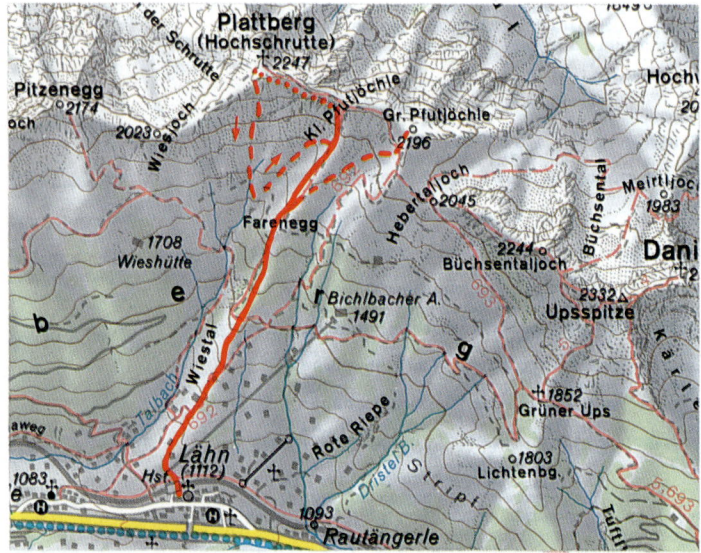

Talort/Ausgangspunkt: Lähn, 1110 m, an der Verbindungsstraße Lermoos – Reutte. Bahnverbindungen nach Reutte und Garmisch. Parkmöglichkeit am Bhf.

Gehzeiten: Bahnhof Lähn – Kleines Pfuitjöchl 3 – 3½ Std.

Höhenunterschied: 1030 m.

Anforderungen: Kürzere Steilstufen verlangen eine saubere Aufstiegstechnik.

Hangrichtung: Südseitig.

Lawinengefährdung: Selten lawinengefährdet. Zudem führt die Tour über weite Strecken auf einem stumpfen Rücken.

Orientierung: Oft gespurt, daher recht einfach. Bei fehlenden Spuren und schlechter Sicht oberhalb der Waldgrenze problematisch.

Günstige Zeit: Februar – März.

Varianten: Gratübergang zum Plattberg (+ ½ Std.); von dort bei absolut sicheren Verhältnissen direkte Abfahrt über die steilen Gipfelhänge in den Tobel unterhalb des Gipfels möglich, dann aber Gegenanstieg zur Aufstiegsspur (200 m). Auf den weiten Böden oberhalb der Waldgrenze rechtshaltend auch zum Großen Pfuitjöchl.

Die zwischen Plansee und Lermoos aufragende südlichste Berggruppe um Daniel und Plattberg bietet manchen sonnigen Skianstieg. Einsamkeitsliebhaber finden am Pitzenegg eine stille Tour, adrenalinsüchtige Steilhangfeti-

schisten »stürzen« sich am Daniel in die Tiefe, und die Abfahrtsgenießer ge-
mäßigter Gangart erwartet am kleinen Pfuitjöchl die Erfüllung ihrer Wünsche:
Kein Flachstück hemmt die zügige und nahezu waldfreie Abfahrt.

Dabei ist die Tour alles andere als kompliziert: Am **Bahnhof Lähn** quert man
jenseits der Geleise einen flachen Wiesenboden und ersteigt den markanten
Rücken nordwestlich des Bahnhofs. Diesem bleibt man im großen und
ganzen während des gesamten Aufstieges treu. Kleinräumige Waldparzellen
geschickt umgehend, gewinnt man zügig an Höhe. Einzig eine etwas
schmälere Stelle des Kammes zwingt zu rechtsseitigem Ausweichen in eine
sehr steile Lichtung. Oberhalb der Waldgrenze wandert man über freie
Böden und zum Schluß wieder auf dem Rücken zum unscheinbaren Mugel
des **Kleinen Pfuitjöchls** hinauf, das sich links eines Schärtchens erhebt. Die
Abfahrt folgt der Aufstiegsspur über den Rücken hinab nach Lähn.

Beliebt bei Pulver und Firn – der Anstieg zum Pfuitjöchl.

49 Pleisspitze, 2225 m

Hochgenuß bei Pulver und Firn – obendrein mit Zugspitzblick

Untergarten – Gartner Alm – Pleisspitze

Talort: Lermoos, 990 m. Bahnverbindung mit Garmisch-Partenkirchen und Reutte.
Ausgangspunkt: Untergarten, 1060 m, etwa 1½ km westlich von Lermoos am Ausgang des Gartner Tales gelegen. Vom westlichen Ortsende führt ein schmales Sträßchen zu einer engräumigen Parkmöglichkeit direkt an der Ausmündung des Gartner Tales. Auch im Ort Parkmöglichkeiten. Mit öffentlichen Verkehrsmitteln ungünstig zu erreichen, bestenfalls mit Taxi ab Bahnhof Lermoos.
Gehzeiten: Untergarten – Gartner Alm 1 Std., Gartner Alm – Pleisspitze 2¼ Std.; insgesamt 3 – 3½ Std.
Höhenunterschied: 1170 m.
Anforderungen: Da der Forstweg im Gartner Tal durch das Pfingsthochwasser von 1999 stellenweise vermurt ist, müssen die Ski immer wieder getragen werden.

Hangrichtung: Südost- bis nordostseitig.
Lawinengefährdung: Das enge Gartner Tal wird von steilen Berghängen begrenzt. Besonders die im Aufstiegssinne rechtsseitigen Grashänge reißen oft bis auf den Grund ab und entsenden mächtige Lawinen. Hier ist stets Vorsicht geboten. Die oberen Hänge weisen nach Neuschnee rasch wieder sichere Verhältnisse auf.
Orientierung: In der Regel gespurt. Bei schlechter Sicht im oberen Teil schwierig.
Günstige Zeit: Januar – März.
Variante: Einfahrt knapp unterhalb des Gipfels in das nordseitige Rigetal. Das Tal kann bei lawinensicheren Verhältnissen bis etwa 1800 m sehr genußreich abgefahren werden, dann allerdings muß entlang der Abfahrtsspuren wieder aufgestiegen werden, da sich das Tal zusehends zum V-Tal verengt. Weiter unten Felsabbrüche.

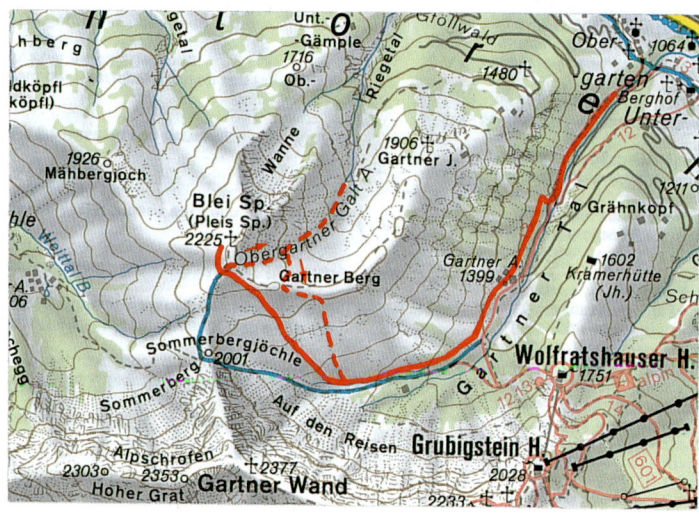

Dem engen Schlund des Gartner Tales entstiegen, weiten sich die Mulden um den Moosbeerbichl. Im Hintergrund liegt die Einschartung des Sommerbergjöchle.

Den Skitouren in den Lechtaler Alpen haftet von jeher ein recht zweifelhafter Nimbus an: Von langen Talmärschen, unüberwindbaren Latschengürteln und lawinenbefrachteten Steilhängen ist da die Rede, aber auch von wildromantischen Landschaften und großer Einsamkeit. Und in der Tat bleiben weite Teile dieses Gebirges – um Madau etwa oder im Parzinn – den wirklich erfahrenen Skibergsteigern vorbehalten. Wesentlich skifreundlicher dagegen präsentieren sich die nördlichen Ausläufer der Lechtaler Berge zwischen Lermoos und Namlos: Ohne lange Talhatscher geht es da zur

Sache, zügig und direkt, und damit auch für Otto-Normal-Skitourengeher mit großem Genuß. Eine der Parade-Skitouren der Region ist sicherlich die Pleisspitze, deren makellose Hänge schon von weitem das Herz eines jeden Tourenskifahrers höher schlagen lassen.

Lawinenkundliches Beurteilungsvermögen ist allerdings schon nötig, wählt man das kurze, aber von steilen Flanken umrahmte Gartner Tal für den Zustieg. Bar aller Orientierungsprobleme geht es von **Untergarten** auf dem Forstweg zur Gartner Alm im Bogen nach Westen und Süden hinein in den engen Talgrund. Zunächst noch links, später rechts des Gartner Baches folgt man dem steilen Sträßchen – stets mit einem wachsamen Auge nach rechts

Die Abfahrt von der Pleisspitze bietet im oberen Teil hindernislose Idealhänge für jeden Geschmack.

Auf den Südhängen zwischen Pleisspitze und Gartnerberg findet jeder ein unver-
spurtes Fleckchen für seine Abfahrtsgirlanden – Zugspitzblick natürlich inklusive.

oben zu den lawinenschwangeren Grashängen. Ein frühzeitiger Aufbruch
nach kalter Nacht nimmt viel Brisanz aus diesem doch recht heiklen
Wegabschnitt. An der **Gartner Alm** angelangt, neigen sich die Flanken
zurück, das Gelände weitet sich, und der Spuk nimmt ein Ende.
Nun können Sie sich getrost dem genußreichen Teil dieses Skitages
überlassen. Auf dem sanften Rücken des Moosbeerbichls – ziemlich genau
in der Mitte des weiten Talgrundes zwischen Gartnerwand und Pleisspitze –
biegt man nun allmählich nach Westen ein. Ganz nach Lust und Laune hält
man sich auf etwa 1700 Metern Höhe oder auch schon ein wenig früher leicht
nach rechts, um über den weiten Südhang zwischen Gartnerberg und
Pleisspitze zum Gipfelkamm aufzusteigen. Übrigens: Wer es ganz gemütlich
haben möchte, der bleibt dem Moosbeerbichl treu und erreicht so das
Sommerbergjöchle und über den runden Südkamm die **Pleisspitze**.
Spätestens bei der Abfahrt wird die Herkunft des Namens »Pleis« offenkundig: Kaum ein Baum und Strauch hindert die Genußabfahrt über die ideal
geneigten Gras-Pleisen hinab zur Gartner Alm. Dort heißt es – besonders bei
fortgeschrittener Tageserwärmung – noch einmal Augen auf und durch das
Gartner Tal hinaus nach Untergarten.

50 Galtjoch, 2109 m

Idealbild eines Skiberges – und das in den Lechtaler Alpen

Rinnen – Rauth – Rotbachalpe – Ehenbichler Alpe – Galtjoch

Talort/Ausgangspunkt: Rinnen, 1262 m, von Lermoos über Bichlbach und Berwang erreichbar. Parkmöglichkeiten südlich des Ortes an der Verbindungsstraße nach Namlos.

Gehzeiten: Rinnen – Rauth 5 Min., Rauth – Rotbachalpe 40 Min., Rotbachalpe – Ehenbichler Alpe 1 Std., Ehenbichler Alpe – Galtjoch 1¼ Std.; insgesamt 3 Std.

Höhenunterschied: 960 m.

Anforderungen: Skitechnisch wenig schwieriger Anstieg: zur Rotbachalpe Forstweg, danach lichter Wald mit kurzen, steilen Stufen, oberhalb der Ehenbichler Alpe sanfte Mulden und ein etwas steiler, rundlicher Gipfelkamm.

Hangrichtung: Ost- bis südostseitig.

Lawinengefährdung: Bei entsprechender Spuranlage nur selten lawinengefährdet. Neuralgische Stellen können die Querung unter der Abendspitze und der untere Bereich des Gipfelkammes sein.

Orientierung: Dank der vielen Spuren meist recht einfach. Bei fehlenden Spuren allerdings braucht man schon ein wenig Gespür, um im lichten Wald zwischen Rotbach- und Ehenbichler Alpe den rechten Weg zu finden (unregelmäßg markiert). Im freien Gelände oberhalb der Ehenbichler Alpe bei schlechter Sicht und fehlenden Spuren etwas problematisch.

Günstige Zeit: Dezember – April.

Varianten: Abfahrt etwas östlich oder südwestlich des Gipfels nach Süden oder Südwesten ins Tal des Rotbaches und immer nördlich des Baches talaus bis unter die Rotbachalpe – nur bei sicherem Firn und frühzeitiger Abfahrt. Zugabe für Konditionsriesen: Aufstieg zur Hinteren Steinkarspitze (+ 600 bis 750 Höhenmeter, je nachdem wie weit oben man das Rotbachtal erreicht) – teilweise steile Ost- bis Südosthänge, daher nur bei sicheren Verhältnissen.

Keine Regel ohne Ausnahme: Während die Lechtaler Berge als Synonym für lange, anspruchsvolle und steile Skitouren stehen, kann das Galtjoch an ihren nördlichen Ausläufern als das Ideal eines Genuß-Skiberges gelten. Und dieses Juwel liegt nicht einmal besonders versteckt: Wer von Bichlbach nach Berwang heraufgefahren kommt, erblickt schon von weitem die frühmorgends im ersten Sonnenlicht erstrahlenden, makellosen Gipfelhänge der weißen Pyramide. Dieser Anblick lockt natürlich die Skitourengeher, so daß man bestenfalls unter der Woche allein am Weg sein wird. Doch so überlaufen wie Hirschberg oder Rotwand ist das Galtjoch nun auch wieder nicht, dafür liegt es wohl doch zu weit hinter den sieben Bergen.

Der Aufstieg zum Galtjoch beginnt mit einer kurzen Abfahrt. Früher war es üblich, gleich südlich von **Rinnen** über die Wiesen ins Tal des Rotlech hinunterzuwedeln. Diese Möglichkeit ist heute gesperrt. Daher nehmen wir den etwas weiter nördlich mit einer Kehre nach **Rauth** hinabführenden Fahrweg. Im Talboden angelangt, wandern wir östlich des Rotlechs, vorbei an einer Sägerei, nach Süden, überqueren bei 1157 Meter Höhe die Brücke über den Bach und steigen jenseits auf einem Almsträßchen gemütlich zu den freien Wiesen der **Rotbachalpe** hinauf.

Links eines malerischen, sonnengegerbten Alphüttchens halten wir uns ziemlich genau nach Norden und erreichen so das obere Ende der Wiesen. Hier zieht eine schmale Lichtung hinein in den Wald. An ihrem Ende geht es leicht nach links durch den lichten Wald zu einem freien und steilen Stockhang, über den wir auf einen Forstweg gelangen. Diesem folgen wir nach Westen, um alsbald nach rechts abzuzweigen und über eine Folge von Lichtungen und schütteren Wald zur **Ehenbichler Alpe** aufzusteigen.

Hier schwenken wir wieder nach Westen ein, queren einen kurzen, steilen Hang nach links hinauf und gelangen so in das freie Gelände unterhalb der Abendspitze. Auf einem wenig ausgeprägten Rücken schlängelt sich die Spur nun nach Westen hinauf in die Einschartung zwischen Abendspitze und Galtjoch, biegt dort nach links um und führt längs des Kammes nach Südwesten zum vermeintlichen Gipfel. Oben angelangt stellen wir fest, daß wir auf einem Vorbuckel stehen, baut sich doch erst dahinter der eigentliche Gipfelaufschwung des **Galtjoches** auf. Doch keine Sorge, nach einem kurzen Flachstück gelangen wir recht schnell mit einigen engen Kehren am rundlichen Rücken zum Gipfelplateau und zum höchsten Punkt.

Die Abfahrt folgt nun bei Pulverschnee am besten dem Anstiegsweg; bei Firn hingegen sei die Variante hinab ins Rotbachtal empfohlen. Wen es nun noch nicht genug in den Waden zwickt, der zieht die Felle wieder auf und setzt mit dem Aufstieg über die herrlichen Osthänge zur Hinteren Steinkarspitze noch eins drauf.

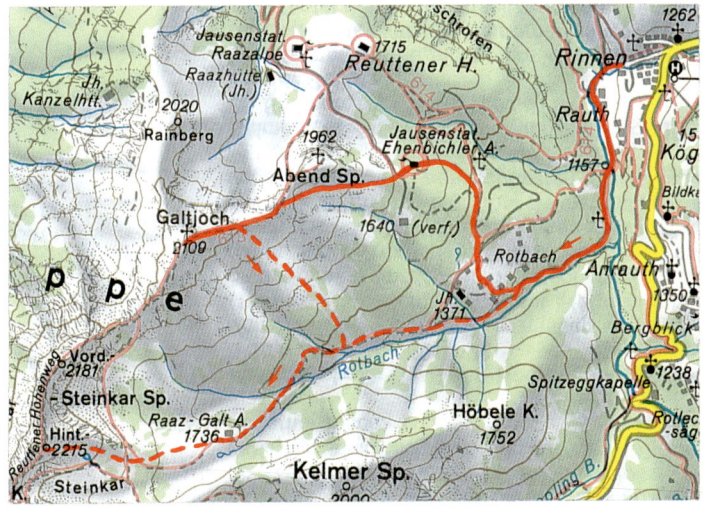

Stichwortverzeichnis

Die Zahlen hinter den Begriffen verweisen auf die Seitenzahlen.